AF389608

CATALOGUE

DES DIFFÉRENS OBJETS
DE CURIOSITÉS
DANS LES SCIENCES ET ARTS,

Qui composoient le Cabinet de feu M. le Marquis DE MENARS, Commandeur des Ordres du Roi, Conseiller d'Etat ordinaire d'Epée, Lieutenant-Général des Provinces de Beauce & d'Orléanois, Directeur & Ordonnateur-Général des Bâtimens du Roi, Jardins, Arts, Académies, & Manufactures Royales; Capitaine-Gouverneur du Château & de la Ville de Blois.

Par F. BASAN & F. Ch. JOULLAIN.

Dont la Vente s'en fera vers la fin de Février 1782, en son Hôtel, Place des Victoires; & sera annoncée dans les Papiers publics.

Le présent Catalogue se distribue à PARIS,

Chez { Le sieur BASAN, rue & Hôtel Serpente.
Le sieur JOULLAIN, Quai de la Megisserie.
PRAULT, Imprimeur du Roi, Quai des Augustins.

M. DCC. LXXXI.

Messieurs les Amateurs sont priés d'observer que la plus grande partie des objets contenus au présent Catalogue provient de la succession de Madame la Marquise de Pompadour, très-connue par son discernement & son goût pour les Arts.

Les sieurs BASAN & JOULLAIN *se chargeront des commissions, s'en acquitteront avec toute l'exactitude possible, & à la satisfaction des personnes qui les honoreront de leur confiance.*

AVANT-PROPOS.

S'il est de notre devoir de nous conformer à l'usage établi de donner une courte notice de la vie des Amateurs dont nous mettons les Collections en vente, ce doit être principalement lorsqu'il est question d'une personne dont le nom sera célebre pour avoir été le protecteur des Arts & l'ami des Artistes. Nous avons cru ne pouvoir mieux faire que de reprendre ce que M. Cochin en a dit dans le Journal de Paris du premier Juin 1781. Où trouverions-nous des secours plus certains que ceux qui nous sont fournis par un Artiste qui lui étoit attaché par la plus vive reconnoissance, & qui ne l'a point perdu de vue pendant trente-deux années ?

M. Abel-François POISSON, Marquis de Ménars & de Marigny, est le protecteur qui excite maintenant nos regrets. C'eſt ſous le nom de MARIGNY, qu'il a illuſtré, que nous en parlerons. Il fut admis à la Cour, dès l'âge de vingt ans, ſous les auſpices de Madame la Marquiſe de Pompadour, ſa ſœur. M. le Normand de Tournehem ayant été nommé à la place de Directeur-général des Bâtimens du Roi, M. DE MARIGNY (alors portant le nom de VANDIERES) fut déſigné à ſa ſurvivance. Il avoit acquis des connoiſſances aſſez approfondies dans la Géométrie, & avoit étudié les élémens de l'Architecture.

Pour perfectionner ces diſpoſitions, on jugea très-utile au bien de ces Arts qu'il étoit appellé à diriger, qu'il fît un voyage en Italie où ſont raſſemblés leurs principaux chef-d'œuvres. Afin de rendre cette étude fructueuſe, il jetta les yeux ſur M. Soufflot, Architecte déjà célebre, pour l'emmener avec lui. Cet Artiſte, ami de M. Cochin Deſſinateur estimé, & instruit du desir ardent qu'il avoit de voir l'Italie, le proposa à M. DE VANDIERES, qui l'accepta, & y joignit M. l'Abbé Le Blanc, Homme de Lettres, à qui l'on accordoit des connoissances dans les Arts. Il partit en Décembre 1749 ; & après avoir vu avec attention toutes les Villes qui contenoient quelque chose de curieux, dont ces Artistes lui faisoient observer les principales beautés, il revint à Paris en Septembre 1751.

Aidé de leurs lumieres, il acquit une véritable connoissance de ce qui constitue l'excellence de ces Arts. Cependant, loin de se livrer à cette confiance dont tant d'autres moins éclairés abusent pour prendre un ton tranchant, il ne porta jamais de décision sans avoir consulté plusieurs Artistes, à qui il avoit accordé sa confiance, & particuliérement ses compagnons de voyage qu'il appelloit ses yeux.

Peu après son retour en France, M. de Tournehem mourut, & il lui succéda dans la place de Directeur-général des Bâtimens du Roi. Appuyé du crédit de Madame de Pompadour, il eut lieu d'espérer de rendre un nouvel essor aux Arts. En effet, cette Dame les aimoit, accueilloit les Artistes, & leur facilitoit l'accès auprès du Tiône. Mais bientôt une guerre cruelle suspendit en partie les effets de leur zele. Presque tout le temps de la gestion de M. DE MARIGNY fut troublé par cette guerre & par les suites qu'elle eut même après la paix; ainsi il ne fit pas tout le bien qu'il eût desiré, mais on ne peut disconvenir qu'il fit tout celui qui se trouva en son pouvoir.

Les graces & les bienfaits du Roi furent distribués de la maniere la plus judicieuse. Il augmenta les Tableaux d'Histoire, & en ordonna pour la Manufacture des Gobelins, moins pour le

befoin qu'elle en avoit, que pour en-
tretenir & foutenir la Peinture de
l'Hiftoire , toujours prête à dégénerer
en France par le défaut d'occafions de
travailler pour le Public dans ce genre.
Il ordonna auffi des Statues, pour le
maintien de la Sculpture ; enfin, on
peut dire que l'époque de fon retour
d'Italie eft celle du renouvellement du
bon goût de l'Architecture.

On ne doit pas cependant attribuer
à lui feul cette heureufe révolution ;
elle eft fans doute principalement dûe
aux bons exemples & aux confeils de
M. Soufflot, & de plufieurs Architectes,
alors penfionnaires à Rome, dont les
yeux s'étoient ouverts fur les beautés
de l'antique & de l'Architecture du beau
fiecle de Louis XIV. Mais comme
M. DE MARIGNY continua avec
exactitude d'envoyer les Eleves fe former à Rome, il contribua à maintenir
cette effervefcence qui a produit de fi

heureux effets ; d'ailleurs on ne peut ignorer combien l'encouragement que donnent les Supérieurs éclairés, en n'applaudiffant qu'aux ouvrages de bon goût, influe fur le progrès de l'Art.

Il appella de Lyon M. Soufflot, pour le nommer Contrôleur des Bâtimens du Roi, & le charger de la conftruction de l'Eglife de Sainte - Genevieve ; & c'eft à ce choix judicieux que nous devons ce chef-d'œuvre d'Architecture.

En 1755, le Roi honora M. le Marquis DE MARIGNY du Cordon Bleu & de la Charge de Secrétaire-Commandeur de fes Ordres ; ce qui le mit à portée d'augmenter les encouragemens donnés aux Ars, & d'obtenir du Roi, en faveur de plufieurs Artiftes qu'il honoroit de fon eftime, le Cordon de Saint Michel : il en gratifia M. Soufflot, M. Cochin, M. Pierre, M. Pigalle, & quelques autres.

En 1762, M. DE MARIGNY obtint

du Roi la nomination de M. Carle Vanloo à la place de premier Peintre du Roi. Ce fut à cette occasion qu'ayant présenté M. Vanloo à Monseigneur le Dauphin en qualité de premier Peintre : *Il y a long-temps qu'il l'est*, dit Monseigneur le Dauphin ; réponse aussi obligeante que glorieuse pour M. Vanloo. Après la mort de ce célebre Artiste, M. DE MARIGNY fit élever à cette place M. Boucher, à qui M. Pierre a succédé.

M. DE MARIGNY avoit conçu plusieurs projets avantageux aux Arts & à l'embellissement de Paris, que la difficulté des temps l'empêcha de mettre à exécution. Cependant il fit achever une partie assez considérable du Louvre; & c'est à lui qu'on doit ce guichet si nécessaire, & qui a pris son nom, qui perce de la place du Carrousel sur le quai du Louvre. Ce projet vint de lui seul, & ne lui fut point suggéré. Il fut lever les obstacles qui s'y oppofoient, & eut de plus l'adreffe d'y maintenir deux paffages pour les gens à pied.

Ce fut auffi de fon propre mouvement, qu'après avoir vu & admiré la belle figure de Vénus que M. Couftou avoit faite pour le Roi de Pruffe, il jetta les yeux fur cet Artifte pour le charger de l'exécution du Tombeau de Monfeigneur le Dauphin Pere de Sa Majefté; & c'eft à cette connoiffance du vrai mérite que nous devons ce beau monument, qui a été placé à Sens, & que nous regrettons de ne pas voir dans la Capitale.

A la retraite de M. le Comte de Bafchi, M. DE MARIGNY fut élevé à la dignité de Confeiller d'État d'Épée. Au commencement de 1773, ayant éprouvé quelques dégoûts, il fupplia le Roi d'accepter fa démiffion de la place de Directeur-général; ce que le Roi refufa d'abord. Mais fix mois après, ayant persisté dans sa demande, elle fut accordée; le Roi lui en conserva tous les honneurs & même le titre, & lui accorda plusieurs autres avantages. Cette place fut réunie au Contrôle-général, alors rempli par M. l'Abbé Terray. A sa mort, elle en a été séparée, & confiée à M. le Comte d'Angivilliers, qui la remplit avec dignité, & se montre le véritable protecteur des Arts & des Artistes.

M. le Marquis DE MARIGNY, depuis plusieurs années, étoit tourmenté d'une goutte vague qui l'avoit forcé de se mettre au régime du lait. Vers la fin de 1780, il fut attaqué de fievres continues, & d'une maladie violente, qui, jointe à la goutte remontée, a terminé sa vie à l'âge de cinquante-quatre ans le 10 Ma 1781.

Sa mémoire sera conservée précieusement dans l'Histoire des Arts, & est honorée des regrets des Artistes qu'il a toujours traités plus en ami qu'en supérieur.

TABLE DES MATIERES

Contenues au préfent Catalogue.

TABLEAUX.

TABLEAUX

Rangés par ordre alphabétique
DE MAITRES.

BACHELIER. (N.)

N° 1. DEUX Payſages, où ſont repréſentés   180
les Portraits de très-jolis Chiens : dans
l'un, on voit une Chienne caniche blanche, tondue, jouant avec un Epagneul
noir ; dans l'autre, un Caniche blanc
moucheté de noir, avec un Epagneul
noir marqué de quelques coups de feu.
Sur toile, de forme ronde de 23 pouc.
de diamètre.

2 Un Tableau de fleurs & fruits éclairés   59
par l'effet d'une bougie allumée. Il repréſente un panier rempli de Pèches
& de Raiſins, poſé ſur une table : autour de l'anſe du panier eſt une Roſe
& pluſieurs autres Fleurs liées d'un ruban bleu ; on voit de plus ſur la table
une Poire, une Pomme & du Raiſin.
Il a été peint en 1760, & fait honneur
à ſon Auteur. T. 24 pouc. ſur 18 de
haut.

A

3 Un Coq - Perdrix , tué près de Saint-
Ouen en 1757 par M. le Marquis de Marigny : on le voit pendu par une patte à
un clou , fur un fond imitant la planche
de fapin.

BACHUYSEN. (Ludolf)

4 Deux Marines faifant Pendans : dans l'une
on voit plufieurs Bâtimens Marchands
Hollandois , ainfi que diverfes Chaloupes
fervant à tranfporter des Paffagers ; fur
la gauche, dans le fond , eft une Maifon
couverte en tuiles , entourée d'arbres.
Dans l'autre on voit dans le fond la ville
de Rotterdam , près de laquelle eft un
grand Vaiffeau à trois mâts ; & fur le
devant, un Yacht avec une grande voile
déployée & une chaloupe remplie de différentes figures. T. 21 pouc. fur 16 de
haut.

BAMBOCHE. (Pierre)

5 Un Payfage , fur le devant duquel on
voit un Rocher élevé , plufieurs Animaux
& Figures au bord d'une riviere , parmi
lefquels on diftingue un Cavalier monté
fur un cheval blanc , & qui le fait boire.
B. 25 pouc. fur 22 de large.

BERGHEM. (Nicolas)

6 Un Payfage mêlé de Ruines ; le fite en
eft très-intéreffant & la couleur argen-

tine. Il repréfente une Vue de *Ponte-Mole*, ornée de différens grouppes de Figures & Animaux, parmi lefquels on diftingue un Payfan à cheval, vu par le dos ; il eft vêtu d'une cafaque de peau de mouton, & accompagné de deux hommes à pied. Ce Tableau eft un des plus précieux & des plus vigoureux de ton de ce Maître. Toile, de 28 pouc. de large fur 22 de haut.

7   Autre Payfage, Vue d'un Bois touffu, orné fur le devant de douze différentes Figures & Animaux, parmi lefquelles on remarque une Payfanne affife, tenant un enfant fur fes genoux, & près d'elle un homme jouant de la vielle. B. 14 pouc. fur 13 de haut.

8   Autre Payfage très-pittorefque avec de hautes Montagnes dans le fond, & fur le devant plufieurs grouppes de Figures & Animaux ; entr'autres un Payfan vu par le dos, monté fur un âne ; il conduit des Vaches & autres beftiaux : au côté oppofé on y voit un troupeau de moutons & un jeune Pâtre qui court avec un bâton dans la main droite. Il regne dans ce Tableau un ton de couleur chaud & très-vigoureux, la touche en eft fpirituelle & légere ; il eft du meilleur temps de ce célebre Artifte. B. de 2 pieds fur 16 pouc. de haut.

9 Une vafte Campagne fur un beau ciel, ornée d'un grouppe intéreffant de différentes Figures & Animaux : on y diftingue

une Femme debout, portant fur fa tête un panier rempli de légumes, & deux autres Femmes occupées à traire une Vache & une Brebis ; la touche en eft vigoureufe & l'effet très-piquant. B. de 12 pouc. fur 9 de large.

BOUCHER. (François)

10 Le petit S. Jean à genoux aux pieds de l'Enfant-Jefus en acte d'adoration. Ce charmant Sujet, de la couleur la plus agréable, eft de forme ovale. T. de 18 pouc. fur 15 de large.

11 Les Saifons en quatre Tableaux faifant Pendants. Ces Sujets font connus par les Eftampes qu'en a gravé Daullé. Deux de ces Tableaux font des Paftorales ; l'Eté y eft repréfenté par un bain de femmes, & l'hiver par une Dame en robe bordée de poil, affife dans un traineau pouffé par un Tartare. T. 27 pouc. fur 20 de haut.

12 Le Fleuve Scamandre, Sujet très-agréable repréfentant une Femme nue dans l'attitude de la furprife en appercevant un homme à travers des rofeaux. Ce Sujet a été gravé par Daullé, fous le titre de *La Baigneufe furprife.* T. 21 pouc. fur 13 de large.

13 Un Sujet Paftoral dans un Payfage : on y voit une Payfanne endormie & réveillée avec un brin de paille que lui

paſſe ſous le nez un Payſan ; pluſieurs Moutons & un Chien ſont près d'eux. Ce Sujet eſt connu par l'Eſtampe qu'en a gravé le ſieur Gaillard. T. 28 pouc. ſur 25 de large.

14 Deux Têtes de femmes faites au paſtel, dont une vue de face, appuyée ſur un couſſin ; l'autre de profil, auſſi ſur un couſſin : cette derniere paroît endormie. Sous verres, de 15 pouces ſur 12 de large.

15 Une autre Tête de femme charmante, auſſi au paſtel ; elle eſt vue de trois quarts avec bouquet à ſon côté, les cheveux attachés avec un grand ruban. Sous verre, de 15 pouc. ſur 12 de large.

16 La même Tête, ſous glace, exécutée en tapiſſerie à la Manufacture Royale des Gobelins ; par N. Cozette, de 16 pouc. ſur 13 de large.

17 Deux jeunes Filles aſſiſes ſur un gazon attachant une lettre au col d'une Colombe ; elles ſont entourées de pluſieurs Moutons & d'un Chien, ſur un fond de Payſage agréable & pittoreſque : on en connoît l'Eſtampe par Ouvrier. Ce Tableau eſt peint ſur toile de 2 pieds & demi ſur 27 pouc. de large.

18 Vénus, Protectrice des Arts, paroît inſtruire l'Amour : on y voit une Lyre & divers attributs des Arts. Sur toile de forme ronde de 3 pieds de diamètre.

Suite de BOUCHER.

19   La Toilette de Vénus. Cet Artiste, qui avec juste raison a été nommé le Peintre des Grâces, a développé dans ce Sujet tous ses talens & la fécondité de son génie : en effet, rien de plus agréable que ce Tableau ; la Déesse y est assise & environnée d'Amours qui folâtrent autour d'elle ; une Cassolette, des Vases & autres ornemens de toilette enrichissent cette charmante composition. Sur T. de 3 pieds 4 pouc. sur 2 pieds 6 de large.

20   Autre agréable Composition représentant Vénus désarmant l'Amour ; elle est sur un nuage, & l'Amour près d'elle à genoux la supplie de lui rendre ses armes qu'elle tient à la main droite : on en connoît l'Estampe gravée par Fessard. Il auroit été à desirer qu'il eût mieux rendu ce charmant Tableau de forme ovale. T. pieds 6 pouc. sur 2 pieds 8 pouc.

21   Vénus au bain, Composition aussi intéressante que les précédentes. La Déesse est représentée dans un fond de Paysage des plus rians ; elle est accompagnée de deux Amours, & tient son fils dans ses bras, qui semble craindre l'eau où elle paroît le vouloir baigner. Sur toile 3 pieds 4 pouc. sur 2 pieds 6 de large.

22   Vénus & l'Amour endormis près d'un rosier fleuri ; deux Amours soutiennent une draperie au-dessus d'eux. Ce Sujet

agréable est de forme ronde de 3 pieds
& demi de diamètre.

23   Une Femme nue, & couchée sur un
sopha avec de gros oreillers d'étoffe de
soye. Ce Sujet est connu par l'Estampe
qu'en a gravé Demarteau ; sur toile, de
27 pouc. sur 22 de haut.

24   Vénus commande à Vulcain des armes
pour Enée. Cette Déesse se voit sur un
nuage accompagnée de Nymphes & d'A-
mours, dont plusieurs s'amusent avec un
casque : dans le fond est l'antre des Cyclo-
pes. Cette charmante Composition, pleine
d'esprit & de feu, a été exécutée en tapisserie pour Madame de Pompadour. T.
de 16 pouc. en quarré.

25   Le Portrait d'une Dame en pied, vêtue
d'une robe de taffetas garnie en gaze ;
elle est dans un bosquet, le bras droit
appuyé sur un piedestal qui porte une
figure de femme assise, & arrêtant l'A-
mour qui veut l'embrasser. T. 3 pieds sur
2 de large.

Bourguignon. *ou* Jacques Courtois, dit (le)

26   Une Bataille de Cavaliers Turcs & autres : sur le devant on voit un des Com-
battans le sabre à la main. Ce Tableau
est d'une touche très-savante. T. 13 pouc.
sur 9 de haut.

27   Autre Bataille : on y voit au milieu un
Turc monté sur un cheval blanc, & por-

tant un drapeau, que tâchent de lui enlever deux Soldats qui le menacent du
sabre. Ce Tableau, très grasement peint,
est rempli de feu. T. 11 pouc. sur 9 &
demi de haut.

B R A U W E R. (Adrien)

158 . 28 L'Intérieur d'une maison de Paysan,
où l'on voit dans le fond un homme &
une femme assis auprès d'une table : sur
le devant, un Chaudron & plusieurs Vases
de terre posés sur un banc. La touche en
est spirituelle. B. 9 pouc. sur 7 de haut.

C H A R D I N. (Simon)

621 29 Une Dame assise dans son appartement;
elle joue de la serinette pour instruire un
serin qui est dans une cage posée sur un
gueridon : au côté opposé on voit un
Métier à tapisserie. Ce Tableau, l'un des
capitaux de ce Maître, est connu par
l'Estampe qu'en a gravé L. Cars ; il est
sur T. de 19 pouc. sur 16 de large.

30 Deux autres Tableaux faisant Pendants;
une Servante qui écure un poëlon, & un
Garçon Marchand de vin occupé à rincer
un broc. Ils ont été gravés par Cochin
pere. T. h. 16 pouc. 6 lig. larg. 13 pouc.
6 lig.

C O Y P E L. (Charles)

239 . 19 31 Jeux d'enfans à la toilette. Cette Composition agréable, dans laquelle on compte

dix Figures , eft connue par l'Eftampe
qu'en a gravé Lepicié : la gaieté & la
fatyre des modes de ce temps - là ont
préfidé à cette Compofition. T. 30 pouc.
fur 24 de haut.

32   Deux glaces de forme ovale , fur lefquelles font peints en buftes une jeune
fille & un jeune garçon , de 30 pouc. de
haut fur 24 pouc. de large.

De Flotte (Officier de Marine.)

33   Deux Ports de Mer enrichis de Ruines
& Architecture de Villes fortifiées , ornés d'un grand nombre de Figures &
de Vaiffeaux. T. 27 pouc. fur 22 de haut.

De Heem. (Jean)

34   Deux Tableaux faifant Pendants ; l'un
repréfente une table couverte d'un tapis , fur lequel eft une jatte remplie de
différens Fruits & Fleurs ; derriere , une
boîte , fur laquelle eft un Homard &
quelques Pêches ; à côté deux vidreco-
mes , ou grands verres. Les morceaux
de ce Maître , auffi confidérables que ce-
lui-ci , font très-rares : le Pendant n'eft
pas moins intéreffant ; il repréfente un
grand Vafe de verre pofé fur une table,
& rempli de différentes belles fleurs, Pa-
vôts, Tulippes , Rofes , &c. fupérieurement grouppées. Ces deux Tableaux,
précieux dans leur genre , font fur toile

de 2 pieds 8 pouc. fur 28 pouc. de larg.

D E T R O Y.

35 Betzabée fortant du bain , charmante Compofition d'un grand effet : on y compte fept Figures de femmes toutes occupées. Le fond eft orné d'un riche Payfage mêlé d'Architecture : on y voit David à une fenêtre de fon Palais. T. de 4 pieds fur 3 de haut.

D R O U A I S.

36 Un jeune Elève Deffinateur , portant deffous le bras un portefeuille , & un chapeau d'Ecolier fur le coin de l'oreille : la tête eft fpirituelle & maligne. Le Pendant repréfente une jeune Fille jouant avec un Chat , & lui donnant des chiquenaudes ; elle a la tête penchée , & couverte d'une efpece de capotte doublée de couleur de rofe. T. de 22 pouc. fur 18 de large.

37 Les deux mêmes Tableaux, fupérieurement exécutés , de même grandeur, en tapifferie à la Manufacture Royale des Gobelins , par Cozette. Ils font fous glaces.

F R A N C E, de Liege.

38 Une Clouterie , ou Forge à clous : on y compte douze Figures , dont huit Forgerons occupés à leur travail , & un

Etranger tenant une Dame par le bras.
Ce Tableau, de l'effet le plus piquant,
ne reçoit de lumiere que du foyer de la
forge. B. 24 pouc. fur 17 de haut.

FRANCK HALS.

39   Un Bufte de femme en chemife, avec
corfet rouge largement peint, & d'un
ton de couleur très - vigoureux ; la tête
riante, fans autre parure que fes cheveux
épars. B. 21 pouc. fur 18 de large.

GERARD DOW.

40   Le Portrait de ce Peintre étant jeune :
la tête, vue de trois quarts, eft du plus
précieux fini, & eft couverte d'une toc-
que noire & platte, ornée de deux plumes ; il porte un vêtement à boutons
d'or, & un collet de chemife à dentelle.
B. 6 pouc. & demi fur 5 & demi.

GIORDANO. (Lucas)

41   Les Noces de Cana, dans le moment
où N. S. change l'eau en vin ; fuperbe
Compofition, où l'on compte dix - huit
Figures vues jufqu'aux genoux, & où
toutes les têtes ont une expreffion admi-
rable : le ton de couleur en eft piquant
& très-vigoureux ; c'eft une de ces pafti-
ches dans lefquelles il contrefaifoit les
grands Maîtres : celle - ci eft une imita-
tion de la maniere de Paul Veronefe. Il

eſt peint ſur toile de 3 pieds 4 pouces ſur un pied 8 pouc. de haut.

G R E U Z E. (J. B.)

L'accordée de Village, Sujet univerſellement connu par l'Eſtampe qu'en a ſi bien gravé le ſieur Flipart, Graveur du Roi : douze Figures qui entrent dans cette charmante Compoſition, forment différens grouppes & attitudes ; les têtes ont du caractere & beaucoup d'expreſſion ; chaque figure ſe détache ſupérieurement ſans aucune oppoſition de couleurs trop noires. C'eſt un des premiers & des plus beaux Morceaux qui a mérité à cet habile Artiſte la réputation qu'il s'eſt acquiſe ; il eſt peint ſur toile, de 3 pieds & demi ſur 2 pieds 9 pouc.

Deux charmans Morceaux à mi corps faiſant Pendants : l'un repréſente une jeune Fille dont la tête eſt d'un caractere agréable & plein d'ingénuité ; elle fixe avec attention ſes regards ſur une fleur qu'elle tient, & qu'elle éparpille feuille à feuille, en ſemblant dire, *il m'aime, il ne m'aime pas* ; elle eſt coïffée en cheveux négligemment noués d'une bandelette rouge, & eſt vêtue en chemiſe & corſet blanc : elle porte au bras un chapeau de paille dans lequel il y a quelques fleurs.

Le Pendant, qui n'eſt pas moins intéreſſant, repréſente un jeune Garçon en chemiſe avec une eſpece de camiſolle rougeâtre ſans manches; il porte au bras droit un panier de fleurs, & en tient une vulgairement appellée *la chandelle* : il eſt prêt à ſouffler deſſus, & ſemble la fixer, en diſant, *l'a-t-elle ou ne l'a-t-elle pas ?* Ces deux Tableaux, de forme ovale, ſont ſur T. de 27 pouc. ſur 24 de large, & ſuffiroient ſeuls à la réputation de leur Auteur.

GRIMOU.

44   Le Buſte d'un jeune homme avec chapeau & fraiſe; il porte ſa main gauche à ſon eſtomac. Tableau d'un effet très-piquant, ſur toile de 28 pouc. ſur 23 de large.   100

GUERIN.

45   Une Dame aſſiſe ſur un grand ſopha dans un riche appartement, tenant de la main gauche un livre, & de l'autre careſſant un petit Chien : près d'elle, ſur un tabouret, eſt auſſi aſſiſe une jeune Demoiſelle qui tient une cage & un oiſeau ſur le doigt; à terre ſont divers portefeuilles de Deſſins, &c. Ce Sujet, peint à l'huile comme de la miniature, eſt ſous verre, & porte 12 pouc. ſur 9 de large; il eſt orné d'une riche bordure avec guirlandes.   132

46 Deux autres petits Sujets, par le même:
l'un repréfente une Dame en habillement
du matin ; elle écrit une lettre fur fes
genoux : près d'elle eft un petit Enfant
jouant avec un Chien. Le Pendant repréfente une autre Dame affife faifant
lecture d'une lettre ; elle a à fes pieds
un enfant qui s'amufe avec un ruban. Sur
T. de 10 pouc. fur 4 de large.

HUYSMANS, de Malines.

47 Deux Payfages faifant Pendants ; ils font
très-pittorefquement traités , d'un effet
piquant , & ornés de plufieurs Figures
& Animaux : dans l'un on voit un homme
vu par le dos marchant avec un bâton,
& un autre qui parle à un homme à cheval. T. 13 pouc. fur 11 de haut.

KALF.

48 L'Intérieur d'une Maifon de Payfan très-
pittorefquement orné de Chaudrons ,
Légumes, &c. Dans le fond eft une cheminée, où l'on voit une femme qui fe
chauffe, & un homme qui porte un panier rempli de bois : l'effet en eft piquant
& la touche fpirituelle. Sur bois, de 8 pou.
fur 7 de haut.

KARLE DU JARDIN.

49 Un Sujet agréable & très-gai, compofé

de dix figures de Paysans qui s'amusent
à chanter & danser : fur le devant eft
un Enfant vu par le dos, & près de lui
un homme vêtu d'une vefte rouge dans
une attitude danfante. C. 8 pouc. de diamètre. Ce Tableau fort du Cabinet de M.
Poullain, & fe trouve dans le Recueil
compofé de cent vingt Planches que vient
d'en faire graver le fieur Bafan, & qui
fait fuite au volume du Cabinet de M. le
Duc de Choifeul.

LAGRENÉE l'aîné. (N.)

50   Un Grouppe de trois femmes au bain,
au bord d'une Riviere, à l'ombre d'un
Bois touffu : la principale Figure eft
affife, & vue de face; derriere elle, une
autre, couchée fur le dos, femble vouloir attraper une colombe; la troifieme
eft derriere, vue par le dos. Cette charmante Compofition réunit tous les talens
connus à ce célebre Artifte qui illuftre
notre École ; & c'eft un des plus précieux Tableaux qu'il ait produit : la Figure qui eft dans la demi-teinte, eft du
coloris le plus vrai. T. 26 pouc. fur 21
de haut.

LA HIRE. (Laurent de)

51   Les Enfans tués par les Ours, pour avoir
infulté le Prophete Elifée.
   Un riche Payfage orné d'Architecture

où l'on voit les vestiges d'une Galerie antique, plusieurs grouppes de Figures savamment distribuées, enrichissent cette Composition : ce sont les meres désolées de ces malheureux enfans, qui se disposent à emporter leurs corps morts. Sur le devant, deux femmes cherchent à en secourir une évanouie par l'excès de la douleur.

Ce Tableau est du plus beau ton de couleur possible ; le Dessin en est de la plus grande pureté ; & tout, Figures, Draperies, Paysage, Architecture, est du fini le plus précieux & le plus spirituel.

Les Figures portent un pied de proportion ; ce Tableau porte 4 pieds de large sur 3 de haut. T.

LE BRUN. (Charles)

158 — . 52 Un Enfant nu & assis, tenant une guirlande de fruits : ce morceau a été enlevé & remis sur toile de dessus une pierre qui faisoit partie du grand escalier des Ambassadeurs à Versailles, lequel est maintenant détruit: sur T. 26 pouc. sur 23 de large.

600 — . 53 Deux autres morceaux du même escalier, aussi enlevés & remis sur toile de même grandeur que le précédent : ils représentent un buste d'Officier Hollandois, & un autre dans le costume Espagnol,

tenant

tenant de la main gauche une lunette
qu'il pose sur son nez : ils sont connus
par les Estampes qu'en a gravé Surugue.

LÉPICIÉ. (N.)

54 Deux très-beaux Tableaux faisant pendants, & d'un intérêt singulier par la
multitude de figures qui les ornent : l'un
représente l'intérieur d'une Douane ; on
y voit arriver un coche, & une grande
voiture chargée de ballots, attelée de six
chevaux ; du côté opposé est un angard
où l'on pese les marchandises : sur le
devant, divers ballots que fait ouvrir un
Commis pour les visiter ; plusieurs autres
grouppes de figures non moins intéres-
santes enrichissent ce charmant Tableau
peint sur T. Il a 5 pieds de long sur 3
de haut.

Son pendant représente un jour
de marché dans une Halle : chaque coin
du Tableau y fourmille de différents per-
sonnages analogues ; sur le devant, diverses Marchandes de Légumes ont étalé
par terre leurs marchandises, & reçoivent
les offres de plusieurs Bourgeoises qui
leur en marchandent : près d'elles, on
voit une autre Marchande & un Paysan
qui veut caresser une Poissarde qui a devant elle un éventaire sur lequel il y a
diverses choses qu'elle vend : au côté
opposé est une charrette attelée de deux

chevaux & couverte d'une banne ; enfin
trente autres groupes plus intéreſſants
les uns que les autres enrichiſſent la compoſition de ce Tableau dans lequel on
voit avec plaiſir & ſatisfaction la fécondité de génie de l'Artiſte qui en eſt l'Auteur. Ces Tableaux ſont de l'exécution
la plus précieuſe & d'une touche très-
ſpirituelle. Ils ont appartenu à M. l'Abbé
Terray.

M O L E.

799   19 55   Jupiter & Léda dans un fond de Payſage. Ce Dieu métamorphoſé en cygne
eſt careſſé par Léda aſſiſe ſur un lit près
duquel eſt un vaſe rempli de fleurs. Ce
Tableau, très-vigoureux de couleur, eſt
du plus bel accord, & peint ſur T. de
18 ſur 14 de h.

MOMPER, avec figures de FRANCK.

150   " 56   Un riche Payſage avec montagnes &
lointains, orné de beaucoup de figures
& animaux : on y voit un grand ſouter-
rain voûté où eſt une chapelle d'où ſort
une longue proceſſion de Pélerins &
d'Hermites ; & ſur le devant une écurie à
jour couverte de chaume avec pluſieurs
animaux dedans. Ce Tableau a beaucoup
d'effet, & eſt intéreſſant par la quantité
de ſes figures dont les principaux grouppes intéreſſent par leur variété. Il eſt
peint ſur cuivre de 3 pieds 8 pouc. de

arge fur 2 pieds 8 pouces de haut.

M E T Z U. (Gabriel)

57   L'Intérieur d'une Chambre Hollandoife   2700
où fe voit un homme affis , jouant de la
baffe ; une femme debout, qui defcend
des degrés, lui préfente la Gazette : dans
le fond eft un homme appuyé fur une
croifée, & au bas de l'efcalier un chien
noir & blanc. Ce Tableau, fupérieur par le
ton de couleur , eft digne de ce Peintre
célebre. T. 22 pouc. fur 17 de large.

M I E R I S le vieux. (François)

58   Le Portrait de ce Peintre , le corps   1221
enveloppé d'un manteau, tenant fa palette de la main gauche. La tête eft vue
de trois quarts, & couverte d'un bonnet
de velours : il a le bras droit appuyé fur
une baluftrade de pierre : dans le fond on
voit un chevalet. Ce précieux Tableau
eft du meilleur temps de ce Maître. B. 6
pouces & demi fur 5 pouces.

M O N P E T I T. (N.)

59   Un Payfage agréable où l'on voit une   242
pyramide au bas de laquelle font attachés
deux Médaillons. Sur le piedeftal , l'A-
mour y écrit cet arrêt :

> On aimera comme autrefois,
> L'Amour vient de couper fes aîles ;
> On fuivra les antiques loix , &c. &c.

Autour du piedeftal regne un rofier fleuri, & près du carquois de l'Amour eft un chien épagneul. T. 15 pouces fur 12 de large.

60 Autre Payfage où fe voit le bufte de Louis XV en marbre blanc, autour duquel deux femmes font prêtes à pofer une guirlande de fleurs. Ce fujet eft exécuté en miniature, à la peinture éludorique. 8 pouces & demi fur 6 & demi de large.

NATOIRE. (Charles)

61 Une Bacchanale compofée de fept figures. Le jeune Bacchus eft affis près d'une cuve remplie de raifins : un homme qui eft nu dans cette cuve, lui preffe une grappe de raifins fur la tête. T. 17 pouc. fur 13 de haut.

62 Une Vue de Rome où l'on voit le Temple de Bacchus ; & fur le devant quatre Veftales portant fur leurs épaules la Prétreffe , & plufieurs autres qui en précedent la marche : fur C. 21 pouces fur 14 de haut.

63 La Jeuneffe & l'Amitié, la Paix & la Concorde : ces deux Sujets font pendants & font repréfentés par des figures de jeunes filles vues à mi corps ; de forme ovale. 24 pouces fur 20 de large.

64 L'Éducation de l'Amour ; belle compofition de quatre figures : de forme ovale, fur toile de 27 pouces fur 23 de large.

65 Jupiter métamorphofé en cygne, vient careffer Léda, & laiffe fon aigle perché fur une branche d'arbre, s'amufer avec un Amour. Tableau fur toile de 27 pouces fur 23 de haut.

66 Deux Sujets faifant pendants, repréfentant des Fleuves fous les figures d'un homme & d'une femme accompagnés chacun d'un enfant: Tableaux fur toile de 2 pieds & demi fur 2 pieds de large.

O S T A D E. (Adrien van)

67 Deux Sujets faifant pendants. L'un repréfente un Médecin aux urines, affis dans un grand fauteuil, devant une table couverte d'un tapis, & fur laquelle eft un livre ouvert: l'autre, une Cuifiniere écaillant un poiffon fur une table; la tête eft agréable, & vue prefque de face. Ces deux Tableaux, d'une touche favante, font datés de l'année 1665. B. 10 pouc. & demi fur 8 & demi de large.

68 Un Sujet fupérieurement rendu en tapifferie par le fieur Cozette à la Manufacture Royale des Gobelins, repréfentant une Femme Hollandoife tenant fon enfant dans fes bras, & appuyée fur le bas de la porte de fa maifon. Le Tableau capital de ce Maître a fait partie du célebre Cabinet qu'avoit Monfieur le Duc de Choifeul. Ce morceau eft fous glace de 39 pouces fur 30 de largeur.

OSTADE. (Isaac)

2010 ... 69   La Vue d'un Canal Hollandois pendant l'hiver. On y voit un petit pont de pierre sur lequel passe un charriot rempli de figures, & tiré par un cheval blanc : sur le devant, un homme pousse un traîneau sur la glace : plusieurs autres grouppes de figures très-intéressantes ornent ce Tableau charmant, très-vigoureux de couleur, & un des plus beaux de ce Maître. B. 18 pouces sur 13 de haut.

OUDRY. (J. B.)

201 .. 70   Une Chienne braque dans sa loge, couchée sur de la paille, & allaitant deux petits chiens. T. 26 pouces sur 22 de haut.

PANNINI. (Jean-Paul)

2001 ... 71   Deux superbes Pendants, représentant un assemblage de diverses Ruines de l'ancienne Rome. Dans l'un, on y voit sur le devant la Colonne Trajanne : sur le second plan, l'Arc de Titus ; & dans le fond, l'extérieur du Colisée : on voit aussi sur le premier plan, divers grouppes de figures faisant conversation ; & de plus, les Statues des Gladiateurs combattant & expirant.

Le Pendant représente le Panthéon, les Statues de l'Hercule Farnese, & de

Marc-Aurele, ainsi que diverses autres ruines & grouppes de différentes figures. Ces deux Tableaux, très-vigoureux de couleur & du plus rare mérite, sont peints sur T. de 4 pieds 2 pouces sur 3 pieds de haut.

PARROCEL d'Avignon. (Joseph)

72   Deux Sujets militaires. Dans l'un, on voit au milieu une riviere qui serpente : sur le devant, deux Cavaliers endormis à côté de leurs chevaux ; un Palfrenier qui fait boire deux chevaux : sur le second plan, un grouppe de plusieurs arbres sur lesquels on a jetté une grande banne pour couvrir une table de sept Officiers qui mangent ; ils sont entourés de plusieurs Valets qui les servent. Dans l'autre, on voit sur le devant les tristes restes d'un Combat, & plusieurs Officiers à cheval qui donnent l'ordre pour transporter les blessés : dans le lointain, on apperçoit un vieux fort sur une éminence. Ces deux Tableaux sont très-chauds de couleur, & d'un effet très-piquant. T. 21 pouces sur 15 de haut.

PARROCEL. (Charles)

73   Deux Sujets de Cavaliers. L'un représente une Halte ; & sur le devant, une femme assise portant un grand chapeau de paille : l'autre, plusieurs Figures ef-

frayées d'un coup de tonnerre. Ces Tableaux font d'un coloris vigoureux. B.
10 pouces fur 8 de large.

P A R R O C E L. (J. J.)

74   L'Efquiffe du Plafond de la Comédie à
Choify : Thalie, Melpomene & Terpfi-
chore font fur des nuées avec divers
grouppes d'Enfants tenant des guirlandes
de fleurs. T. 14 pouces fur 11 de large.

P A S S A R I. (Jofeph)

75   Le Repos en Égypte, dans un fond de
Payfage : la Vierge & Saint Jofeph font
affis, & l'Enfant Jéfus embraffe fa Mere ;
les têtes font remplies de caractere, & ce
Tableau a un ton de couleur très-vigoureux. Toile de 21 pouces fur 14 pouces
de haut.

P A U L - B R I L, avec figures du C A R R A C H E.

76   Deux Payfages de forme ronde, ornés
de différents grouppes de figures & animaux faits par le Carrache : dans l'un
des deux, on voit un troupeau de che-
vres conduit par deux hommes. B. 12
pouces de diametre.

77   Un joli Payfage pittorefque avec riviere : on voit fur le devant un Payfan
qui conduit un âne chargé d'un fac ; &
plus loin, un troupeau d'animaux. Il eft
peint fur cuivre de forme ovale, dans

une bordure quarrée en ébene avec filets de cuivre doré. 4 pouces & demi fur 3 & demi de haut.

PAUL-VÉRONESE.

78 Un Sujet allégorique repréfentant une Femme debout tenant de la main droite un Sceptre , l'autre appuyée fur une corne d'abondance ; l'Amour eft près d'elle , & tient un rameau d'olivier. T. de forme ronde de 7 pouces de diametre.

PIERRE. (J. B. Marie)

79 L'Enlévement d'Europe ; compofition de dix figures : l'aigle de Jupiter s'y voit fur un nuage. T. 16 pouces en quarré. Ce Sujet a été exécuté en tapifferie pour M. de Marigny.

80 Pfyché éplorée après fa curiofité fe jette dans un fleuve, & en eft retirée par quatre Naïades. Cette charmante compofition eft de forme ovale : de 3 pieds 6 pouces fur 2 pieds 8 pouces de haut.

81 Jupiter métamorphofé féduit la Nymphe Io : elle eft nue, & portée fur un nuage, dans une attitude des plus agréable ; fur toile de 27 pouces fur 22 de large.

POELEMBURG. (Corneille)

82 Le Jugement de Pâris ; Sujet d'une

agréable compofition. Mercure affis, &
vu par le dos préfente la pomme à Vénus qui eft vue de face : l'Amour eft près
d'elle, les mains levées, dans une attitude d'admiration : les Déeffes Pallas &
Junon font du côté oppofé, & un peu
dans la demi-teinte, pour faire briller la
principale figure. B. 10 pouces fur 9.

630 —— 83   Autre Sujet très agréable, repréfentant
trois femmes nues fortant du bain dans
un beau fond de payfage ; la principale
eft affife fur une draperie jaune : une autre, à genoux devant elle, femble lui
nettoyer le pied. B. 11 pouces fur 9 de
large.

POTTER. (Paul)

1199 — 19 84   La Vue d'une vafte Campagne. Sur le
devant, on remarque un tronc d'arbre
près duquel font deux vaches dont une
debout ; près d'elle eft un mouton couché ; & derriere ces trois animaux, une
femme debout a fur fes épaules un
morceau de bois qui foutient au bout
d'une corde deux feaux remplis de lait :
dans le fond eft une chaumiere. Ce Tableau, plein de vérité & d'efprit, eft de
la meilleure touche du Maître ; fur B.
18 pouces fur 14 de haut.

1950 —— 85   Un Payfage mêlé de ruines au bord
d'une riviere où l'on voit un Cavalier
qui y fait boire fon cheval deffous une

grande arche de pierre. Près de là eſt un
Palfrenier monté ſur un cheval blanc
moucheté, & en tenant un autre de la
main droite. Ce Tableau, clair & brillant de couleur, eſt auſſi de la meilleure
maniere du Maître. T. 24 pouces ſur 17
de haut.

86 Un Chien de baſſe-cour debout près de
ſa loge où il eſt attaché: la tête noire,
& ſe détachant ſur un ciel clair, donne à
ce Tableau le plus grand effet. On apperçoit dans le lointain le clocher d'une
Egliſe & pluſieurs beſtiaux qui paiſſent
dans une prairie. Ce morceau capital,
de la plus vigoureuſe couleur & du *faire*
le plus large & le plus hardi, eſt connu
des Amateurs, & digne de la célébrité
de cet excellent Peintre: ſur toile de 4
pieds ſur 3 de haut.

P Y N A C K E R. (Adam)

87 Un ſuperbe Payſage montagneux très-
pittoreſque orné de brouſſailles, au milieu duquel on voit un charriot attelé de
deux bœufs, & conduit par un Payſan:
pluſieurs autres grouppes de figures ornent ce charmant Tableau peint ſur toile
de 3 pieds & demi ſur 2 & demi de haut.

88 Une Ruine, Vue intérieure d'une baſſe-
cour dont la porte eſt ouverte; au bas
des marches de cette porte, on voit une
Payſanne debout avec cotillon rouge,

portant de la main droite un pot au lait de cuivre ; près d'elle eſt une chevre accompagnée de ſoñ chevreau, & au côté oppoſé eſt un âne que ſe diſpoſe à charger un homme occupé à faire des paquets. Ce Tableau, de la touche la plus ſavante, eſt ſur T. 24 pouces ſur 18 de large.

R A G U E N E T.

89   Deux Vues du Château de Ménard faites en 1762. Dans l'un, la riviere de Loire, au bord de laquelle eſt ſitué ce Château, eſt ornée de pluſieurs chaloupes remplies de différents perſonnages, ainſi que de pluſieurs bateaux marchands. Dans l'autre, on remarque ſur une grande pelouſe, & au bas des murs du jardin, une grande quantité de monde qui s'amuſe à voir tirer un prix. T. 3 pieds & demi ſur 3 pieds.

R A O U X.

90   Une jeune Fille à mi corps, vue par le dos, & la tête de trois quarts ; elle retrouſſe ſon jupon de la main gauche, & tient un bouquet de la droite : ſur T. 26 pouces ſur 19.

R E M B R A N D T.

91   Une Tête de Femme vue de face. Elle eſt d'un caractere très-agréable : ſes che-

veux attachés par derriere de plusieurs
nœuds de pierre de couleur, le col couvert d'un fichu de mousseline sur lequel
pend une chaîne d'or. Elle a pour Pendant une tête de jeune homme couverte
d'un chapeau à grand bord , & portant
autour du col une grande fraise dessus un
habillement noir. Ces deux Tableaux
sont exécutés par le sieur Cozette en
tapisserie à la Manufacture Royale des
Gobelins, & supérieurement rendus ; ils
sont de forme ovale, sous glace de 24
pouces sur 17 de large.

92   Un Buste de femme dont la tête est de
face & couverte d'un chapeau : la lumiere
n'éclaire que la tête & le dessous du
menton. On attribuoit ce Tableau à
Rembrandt ; mais nous croyons pouvoir
dire avec sûreté que c'est une belle copie
faite par Grimou : sur toile de 28 pouc.
sur 22 de large.

RESTOUT. (N.)

93   L'Education de l'Amour par Mercure
porté sur un nuage ; Tableau sur toile
de 27 pouces sur 23 de haut.

ROBERT. (Hubert)

94   Deux Tableaux de Ruines faisant pendants : l'un représente la Vue en perspective d'une Galerie antique ; sur le devant, une Statue en porphyre , & plu-

fieurs figures à cheval qui paffent au milieu : l'autre, les Veftiges d'un Temple
circulaire où l'on voit une Statue de
femme auffi en porphyre ; plufieurs autres
figures de femmes & d'hommes ornent
ce Tableau. Tous les deux font d'une
touche fpirituelle, & très-vigoureux de
couleur : fur T. de 20 pouces fur 14 de
large.

ROLAND DE LA PORTE.

161 .. 95 Une Table fur laquelle eft une ferviette,
un pain, un verre, une grande cruche,
& quelques livres reliés & brochés : fur
toile. 3 pieds fur 27 pouces de large.

ROSALBA.

180 .. 96 Le Portrait de Louis XV étant jeune,
en bufte & cuiraffé, au paftel ; fous glace :
de 15 pouc. fur 13 de large.

ROSLIN. (N.)

799 .. 97 Le Portrait en pied du Roi de Suede,
orné de fon manteau royal. Derriere lui
eft fon trône. Ce Prince en fit lui-même
préfent à M. le Marquis de Menard pendant fon féjour à Paris : il eft orné d'une
fuperbe bordure, & eft peint fur T. de
4 pieds fur 3 de large.

441 .. 98 Celui du Roi de Dannemarck, de
même grandeur, auffi donné par le Prince
à M. le Marquis de Menard : il eft cou-

vert du Manteau royal, dans un fond d'appartement très-riche & vaste. La bordure en est aussi très riche.

RUBENS. (P. Paul)

99 Deux belles Esquisses, savamment touchées, représentant l'une un grouppe de quatre Soldats dans une attitude de poursuite; l'autre, un Guerrier formant un faisceau d'armes sur le tronc d'un gros arbre: papier collé sur bois. 13 pouces sur 8 de large.   145 - 14

100 Le Portrait en buste de Gaston frere de Louis XIII, en cuirasse couverte d'une écharpe, la tête nue, avec grande fraise autour du col; d'une touche savante & largement peint: sur T. de 21 pouces sur 18 de large.   190   "

RUYSCH. (Rachel)

101 Deux charmants Tableaux de Fleurs, d'un bel effet & d'un précieux fini; dans l'un, on voit un grouppe de Roses de différentes especes & couleurs, entouré de pavots & tulypes: dans l'autre on y distingue une branche de Roses avec plusieurs boutons, dans le milieu, plusieurs Roses & Œillets de différentes especes. Les Tableaux capiraux de cette Femme célebre sont très rares, & ces deux-ci peuvent être regardés comme tels. Ils sont sur toile de 25 pouces sur 18 de large.   400   "

Ruysdael. (Jacques)

1851 .. 102   Deux Marines faisant pendants, peintes
de ce beau ton argentin qu'on recherche
dans ce Maître ; l'une est une vue au
bord de la mer du Village de Scker-
ving près de la Haye. On en voit dans
le fond le clocher & quelques maisons.
Plusieurs grouppes de figures de femmes & autres, faits de la main de van
Velde, ornent ces deux Tableaux Dans
l'autre, on y voit sur le devant un
grand chemin au pied d'une montagne ;
& dans le lointain, la Vue d'un Village
au bord de la mer. Ces Tableaux ont
fait partie du célebre Cabinet de Monsieur le Duc de Choiseul. Ils sont sur
T. de 2 pieds sur 18 pouces de haut.

Steenwick.

200 .. 103   Deux Tableaux pendants. L'un représente l'Intérieur d'une Eglise ; & sur
le devant, deux chapelles dont les pa-
remens sont couverts d'étoffe rouge,
& près d'une balustrade une femme à
genoux aux pieds d'un homme. L'autre
représente l'Intérieur d'une Prison éclai-
rée de deux Lampes, & plusieurs Soldats endormis sur les dégrés. Ces deux
Tableaux, très piquants d'effet, portent
7 pouces sur 5 de haut.

Ten-Compe.

18.   *1*   *103 bis l'intérieur d'une prison*

TEN-COMPE.

104. Deux charmantes petites Vues d'Hollande , bordées de canaux, ornées de figures & bateaux : elles font précieufement terminées dans le genre de van-der Heyden. 7 pouces fur 4 & demi de haut.

TENIERS. (David)

105 La Vue d'un Hameau de Flandre où l'on remarque fur une éminence deux chaumieres, un lointain clair & montagneux ; & fur le devant, quatre figures de Payfans debout faifant converfation. Ce morceau eft de la touche la plus fpirituelle : fur bois de 8 pouces de diametre.

106 Autre Payfage où l'on voit trois chaumieres ; & dans le fond , le clocher d'un Village : on compte dans ce précieux Tableau huit figures, dont plufieurs fur le devant font occupées à jouer à la boule. B. 11 pouces fur 9 de large.

107 Un beau Payfage au bord d'une riviere : on y voit une grande chaumiere avec une femme dans l'intérieur; un grouppe de cinq figures fur le devant : on y diftingue un jeune garçon qui tient en leffe un grand chien ; un homme debout, accompagné de deux femmes,

C

semble donner des ordres à un Jardinier qui est près d'eux. T. 6 pieds sur 3 de haut.

T E R B U R G. (Gérard)

1500 „ 108 Une Dame Hollandoise vêtue d'un manteau de velours bleu bordé d'hermine, & pinçant une guitare : elle est assise dans l'intérieur d'une chambre devant une table couverte d'un tapis de Turquie, & sur laquelle est un homme assis qui paroît l'écouter avec attention. B. 14 pouces sur 12 de large.

T I L L I A R D.

150 1 109 Un Concert champêtre, composé de six figures, dans un Paysage très-agréable, auprès d'une balustrade de pierre : une femme y touche le clavecin, & est accompagnée par un homme qui pince une guitare. Ce Tableau tient beaucoup de la maniere de Pater. Il est peint sur toile de 30 pouces sur 23 de haut.

V A L L A Y E R C O S T A R. (Madame)

86 10 110 Une Corbeille remplie de gros raisins blanc & violet, rendus avec une vérité frappante. T. 17 pouces sur 13 de haut.

255 „ 111 Deux pendants, de forme ovale, aussi beaux que le précédent. Dans l'un, on voit un panier de Pêches, deux Citrons & un vase de porcelaine rempli

de Prunes. L'autre repréfente un vafe
de porcelaine rempli de Lilas, Rofes &
autres Fleurs très-bien grouppées : au
pied du vafe font deux groffes Poires.
T. 16 pouces fur 13 de large.

112 Une Perdrix rouge & un Lapin pen-
dus par les pattes, rendus avec beaucoup de vérité : fur T. de 21 pouces fur
16 de large.

72

113 Une grande Ecuelle de terre blanche,
deux Bouteilles & un Pain fur une table.
Toile de 2 pieds 6 pouces fur 1 pied
10 pouces.

90

Van Aelst. (Guillaume)

114 Un Sujet d'Animaux, dans lequel on
voit un héron avec une gibeciere pofés
fur une table, un faifan fur un tabouret
près d'un fufil. Ce Tableau, d'une touche favante, eft d'une vérité étonnante.
T. 2 pieds 9 pouces fur 2 pieds 2 pouc.
de large.

199 — 19

Vander Elst.

115 Deux grands Portraits faifant pendants, peints dans le ftyle de van Dyck.
L'un repréfente un Bourguemeftre Hollandois vêtu en foie noire, & parfaitement dans le coftume : il eft affis
dans un fauteuil, devant une table fur
laquelle eft pofée une pendule dorée ;
à fes pieds eft un chien caniche. L'autre

1250

repréfente fa femme auffi affife, ayant près d'elle fon petit enfant à qui elle donne du fruit : elle eft vêtue d'une grande robe noire avec jupon rofe brodé en or. T. de 5 pieds fur 4 de large.

144 ---- 116 Le Portrait de ce célebre Peintre, repréfenté en bufte, tenant de la main droite le Portrait de fa femme en mignature, & de la gauche fa palette ; la tête eft vue de face, & d'un caractere très agréable : fur T. de 28 pouces fur 23 de large.

Les Tableaux de ce Maître font extrêmement rares. C'eft de lui que font les deux grands Tableaux les plus eftimés entre tous les beaux morceaux qu'ornent l'Hôtel-de-Ville d'Amfterdam. En effet, on trouve dans ceux-ci des chofes d'une exécution & d'une vérité étonnante.

VANDER MEULEN.

300 ---- 117 Une Rencontre de Cavaliers combattant aux armes blanches & à feu ; on diftingue fur le devant un Officier Porte-Drapeau, vu par le dos, monté fur un cheval blanc, & plufieurs chevaux bleffés fans Cavaliers deffus : le fond eft un joli Payfage avec lointains, très fpirituellement rendu ; fur T. 11 pouces fur 9 & demi de haut.

VANDEN WELDE. (Guillaume)

118   Une Vue de pleine Mer ; fur le devant, deux bateaux marchands à un feul mât : plus loin, un grand vaiffeau à trois mâts accompagné de fa chaloupe ; dans le lointain eft un autre vaiffeau auffi à trois mâts : le ciel, vers le milieu, eft un peu chargé de nuages ; mais il eft généralement d'un ton clair & brillant, tel que les Amateurs le recherchent en cet Auteur. B. 21 pouces fur 16 de haut.

VAN ECKOET.

119   Le Bufte d'un Bourguemeftre d'Hollande portant un chapeau à haut bord & une large fraife au col, la main droite appuyée, & l'autre gantée ; le caractere de la tête eft plein d'ame. Ce Tableau, favant à tous égards, peut le difputer au plus beau de Rembrandt. T. 28 pouces fur 21 de large.

120   Un Bufte d'Homme tenant de fa main droite fon menton, le coude appuyé fur une table, portant une grande plume blanche à fon chapeau ; il a le corps couvert d'une étoffe brodée. Ce Tableau, d'un ton de couleur très-vigoureux, eft fur toile de 3 pieds 8 pouces fur 2 pieds de large.

Van Huysum. (Jean)

4700 121 Deux superbes Tableaux faisant pendants, représentant des Vases de terre remplis de différents beaux grouppes de Fleurs. Dans l'un, on voit plusieurs pavots, tulypes, ananas, pensées, &c. dans l'autre, une belle branche de lys se distingue parmi les autres fleurs qui l'environnent. Ces deux Tableaux capitaux, clairs & très-fins, sont d'une parfaite conservation, & peints sur T. de 29 pouces sur 22 de large.

Vanius. (François)

240 122 L'Angle d'un Plafond de forme ceintrée. Notre Seigneur, au milieu de huit de ses Apôtres, semble adresser la parole à Saint Pierre. Ce Tableau, d'une touche savante, est très-vigoureux de couleur, & peint sur toile de 13 pouces sur 9 de haut.

Vanloo. (Carle)

2661 123 Un Sujet allégorique. Les Arts de Peinture, Sculpture & Architecture implorent le Destin pour arrêter la Parque prête à couper le fil de la vie de leur Protectrice *. Ce Tableau, plein de sentiment & d'expression, est de la plus

---

* Madame la Marquise de Pompadour.

vigoureuse couleur , d'une exécution très soignée, & l'un des plus précieux Ouvrages de ce Maître. Il porte 28 pouces de haut, sur 24 de large.

124 Les quatre Arts représentés par des Enfants; Tableaux de forme ronde : les Sujets en sont connus par les Estampes qui en ont été gravées par Fessard. T. de 30 pouces de diametre.

125 La Peinture & la Sculpture ; Tableaux de forme ovale, représentées par deux femmes en buste, dont une tient une grosse tête ; l'autre, une palette devant un chevalet sur lequel est une toile où elle peint une tête de Chérubin. Ces deux morceaux semblent sortir de la main de l'Auteur, par la fraîcheur de couleur dont ils sont. T. 2 pieds 8 pouces sur 24 de large.

126 Le même Sujet , qui représente la Peinture, exécuté en tapisserie aux Gobelins par Cozette : de même grandeur, & sous glace.

127 L'Exercice de l'Amour ; Composition de vingt-quatre figures principales , en différentes attitudes d'évolutions militaires. Ce Sujet est des plus agréables : sur T. de 3 pieds & demi sur 2 pieds 9 pouces de haut.

128 Une Vestale couverte d'un grand voile blanc ; elle tient un tamis plein d'eau, & est peinte sur toile à l'encaustique.

C iv

de forme ovale. 32 pouces fur 24 de large.

129 Amimone, pourfuivie par Pan, fe réfugie dans les bras de Neptune. Charmante Compofition bien grouppée, où l'on compte huit figures, dans un fond de Payfage au bord de la mer. T. de 16 pouces en quarré. Ce Sujet a été exécuté en tapifferie pour M. de Marigny.

130 Le Portrait d'une Dame habillée en Payfanne à mi-corps, la tête couverte d'un chapeau de paille doublé de bleu; elle porte de fon bras gauche un panier de différentes fleurs, & de fa main droite une branche de jacynte. T. 30 pouces fur 24 de large.

131 Deux Sujets faifant pendants. L'un repréfente une femme habillée en Sultane à laquelle une Efclave Noire préfente une taffe de thé; la tête eft un Portrait très-reffemblant de Madame la Marquife de Pompadour. L'autre, la même Sultane travaillant à la tapifferie, accompagnée d'une autre femme. Ces deux Morceaux font très-connus par les Eftampes gravées par le fieur Beauvarlet, Graveur du Roi, fous les titres de la Sultane & de la Confidente. Ils font fur toile de 4 pieds en quarré.

132 Jupiter, métamorphofé en Satyre, découvre & réveille la Nymphe Antiope. Ce Tableau, un des plus beaux de fon

Auteur, eft connu par l'Eftampe qu'en
a gravé Feffard : il eft peint fur toile
de 26 pouces fur 22 de haut.

VANLOO. (Louis-Michel)

133   Le Portrait d'une Dame affife, vêtue
en fatin blanc , la tête vue de face . d'un
caractere agréable , coiffée en cheveux,
le bras droit appuyé fur un couffin de
velours rouge ; fur T. de forme ovale.
28 pouces fur 22 de large.

134   Le Portrait de Louis XV en Eufte,
avec cuiraffe couverte à moitié du manteau royal ; il eft décoré du cordon bleu
& de l'Ordre de la Toifon d'Or par-
deffus la cuiraffe , & eft exécuté en
tapifferie de la Manufacture des Gobelins ; fous glace de forme ovale. 30
pouces fur 24 de large.

135   Le Portrait de Louis XV en pied,
couvert du manteau royal ; dans une
très-riche bordure. On en connoît l'Eftampe nouvellement gravée par le fieur
Cathelin , Graveur du Roi. Tableau fur
toile de 4 pieds fur 3 de large.

VAN ULIET.

136   L'Intérieur d'une grande Eglife de
Hollande , où eft repréfenté le Tombeau de l'Amiral Tromp ; divers grouppes très-intéreffants & bien diftribués,
ornent ce Tableau, & en augmentent le

mérite, étant faits par Adrien Vande-Velde. Toile de 4 pieds 9 pouces fur 3 pieds 4 pouces de large.

VERNET. (Joseph)

137 Une Tempête au bord de la mer. On y voit, fur le côté droit, l'extrémité d'une Ville dont les murs font flanqués d'une haute tour quarrée, & d'une autre moins haute de forme ronde autour de laquelle eft une baluftrade en fer. Un chemin efcarpé conduit à la porte de la premiere tour. Au bas, & un peu avant dans la mer, eft un rocher contre lequel vient fe brifer un grand vaiffeau à trois mâts : un peu plus loin, une chaloupe remplie de Matelots cherchant à fe fauver d'une vague qui eft prête à les engloutir. On voit auffi fur le devant deux hommes qui foutiennent une femme morte, & plufieurs Matelots qui tirent un cordage attaché au grand vaiffeau qui vient d'être brifé ; dans le lointain, fur une éminence, on voit un Château, & derriere de hautes montagnes. Ce Tableau, fait en 1754, foutiendra dans tous les temps la réputation méritée de fon Auteur.

Le Pendant repréfente un très-agréable Payfage enrichi d'architecture, montagnes, lointains, figures, & riviere : fur le devant, deux Pêcheurs

avec un bateau ; plus loin , fix femmes
font occupées à laver du linge au bord
d'une riviere ; dans le haut , on voit une
groffe tour. Le ton de couleur en eft
chaud, & le tout eft traité très-pittorefquement. Ils font fur toile de 4 pieds
3 pouces fur 2 pieds 8 pouces de haut.

138 Deux autres charmants Tableaux ,
auffi fur T. de 18 pouces fur 12 de
haut , faifant pendants.

L'un repréfente un riche Payfage au
bord de la mer , orné de différents
grouppes de figures très-intéreffantes,
On y voit un grand vaiffeau qui , en
arrivant en rade , tire un coup de canon
pour s'annoncer & faluer la Ville de
laquelle il approche ; fur le devant eft
une jolie Marchande de poiffon , accompagnée d'un Matelot debout , &
un autre qui retire de l'eau fes filets :
aux deux côtés oppofés font, un Pêcheur
à la ligne , & une femme montée fur un
âne.

Le Pendant repréfente une tempête
horrible , mêlée du tonnerre qui fou-
droie un grand vaiffeau qu'on voit dans
le lointain. Sur le devant , au bord d'un
rocher, deux hommes foutiennent une
femme qu'ils viennent de retirer de
l'eau , ainfi qu'un enfant que fauve une
femme dans fes bras , & aidée d'un
homme qui fe retient au bord d'un ro-

cher. Dans le fond est une tour bâtie sur des roches.

V I E N. (Joseph)

139 Sacrifice à Cérès. L'Auteur y a représenté Proserpine aux pieds de la Statue de la Déesse, & Neptune arrivant sur son char prêt à l'enlever. Ce Sujet est connu par l'Estampe qu'en a gravé Danzel. T. de 16 pouces en quarré. Ce Sujet a été exécuté en tapisserie.

140 Une jeune Bacchante à mi corps, la tête couronnée de pampres, & le corps couvert d'une peau de tigre, sous glace; exécutée à la Manufacture Royale des Gobelins. 25 pouces sur 21 de large.

V I S P R É.

141 Un Tableau peint sur verre, représentant une Jatte de porcelaine remplie de Pêches, un Verre de vin & un Biscuit. 16 pouces sur 13 de haut.

V I V I E N.

142 Le Portrait de M. de Louvois en buste, avec rabat de dentelle; au pastel, sous glace: de 21 pouces sur 15 de large.

W A T T E A U. (Antoine)

143 Deux Sujets faisant pendants. Ils représentent une Dame assise touchant de

la mandoline fur un fond de Payfage,
& un autre Payfage au milieu duquel
eft un homme dans l'attitude d'un Dan-
feur, portant fur l'épaule droite un
manteau rouge doublé de bleu. B. 9
pouces fur 6 & demi de large.

VŒNINX.

144   Un Payfage au milieu duquel on voit
      un grouppe de figures pofé fur un
      piedeftal ; & fur le devant, un jeune
      garçon tenant un chien en lefle : dans le
      fond, on voit ferpenter une riviere au
      pied d'une Ville, terminés par de hautes
      montagnes, & divers autres grouppes
      de figures qui ornent ce charmant Ta-
      bleau vigoureux de couleur & très-pit-
      torefquement traité. Hauteur 25 pou-
      ces. Largeur 21 pouces. Toile.

WOUVERMANS. (Philippe)

145   L'intérieur d'une cour de Ferme, où
      l'on voit un cheval blanc débridé, &
      mangeant dans une auge de bois : au-
      près eft un autre cheval que charge un
      homme ; & fur le devant, une femme
      debout, vue par le dos, portant fur fon
      bras un petit enfant : plufieurs autres
      figures & animaux enrichiffent ce Ta-
      bleau, très-vigoureux de couleur, peint
      fur bois de 14 pouces fur 13 de haut.

146   Un Payfage très-pittorefque, orné de

différents grouppes de figures, parmi lesquelles on diftingue un homme en manteau rouge monté fur un cheval blanc, traverfant un ruiffeau ; fur une éminence, on voit une baraque fabriquée de planches , couverte de chaume , & un homme qui veut empêcher un enfant de paffer dans l'eau. 24 pouces de large fur 20 de haut. T.

TABLEAUX

PAR DIFFÉRENTS MAÎTRES.

147 Louis XV à cheval habillé en Guerrier, dans un fond de Payfage, où eft repréfentée la plaine de Fontenoy remplie de Troupes qui compofoient fa Maifon : fur T. 3 pieds & demi fur 2 & demi de large.

148 Renaud enchanté dans les Jardins d'Armide, entouré de plufieurs Amours, par un Maître inconnu : fur toile de 26 pouces fur 22 de haut.

149 Tête de vieille Femme, habillée & coiffée dans l'ancien coftume Flamand; elle eft vue de face, & porte un habillement noir : par un ancien Maître.

Hauteur 16 pouces 6 lignes. Largeur 13 pouces 6 lignes.

150 Deux Tableaux de Fruits, exécutés à

la Manufacture de la Savonnerie. Dans l'un, on voit un panier de belles Pêches, accompagné de plusieurs grappes de Raisins & de quelques noix. Dans l'autre, un panier de Prunes de Monsieur & quelques Amandes. Ils sont sous glaces : de 17 pouces sur 14 de haut.

151 Le Médaillon de Louis XV entouré d'une guirlande de différentes fleurs, soutenue par le haut d'un grand ruban : le tout brodé avec art en soie, sur un fond jaunâtre satiné ; sous glace de 3 pieds 3 pouces sur 2 pieds 6 pouc. de largeur.

152 Une Table peinte, imitant le marbre, sur laquelle paroissent avoir été jettées une douzaine d'Estampes de différentes especes, Portraits & Sujets, d'après Albert Durer & autres. Toutes ces Estampes sont peintes avec tant d'art & de soins que l'œil y est trompé. Ce morceau est sous glace de 36 pouces sur 24 de large.

153 Une Ruine ornée de figures de Soldats & autres, dans le style de Wouvermans, peinte sur une plaque d'agathe de 5 pouces sur 4 de large.

154 Un Rhinocéros & un cheval en pierre de Florence, de 10 pouces sur 7 de haut.

155 Un Homme assis allumant sa pipe, peint sur verre.

40 — 1   156 Une Corbeille remplie de fleurs, fur un fond blanc, avec une bordure, le tout en plumes de différentes couleurs: fous glace. Haut. 22 pouces, Larg. 18 pouces.

24 — ..   157 Un Panier de groffes Pêches, Prunes & Noix, au paftel ; fous verre, 20 pouces fur 17 de large.

DEVANTS DE CHEMINÉES.

63 — ..   158 Une Loge de Chien couverte en damas bleu ; un chien a longs poils, vu à mi-corps, femble fortir de fa niche, & y eft repréfenté d'une vérité finguliere : il eft peint par Defportes.

80 — ..   159 Un autre, repréfentant un grand feau de porcelaine, rempli de papiers, plufieurs boîtes de carton, un globe, &c.

36 — ..   160 Un autre, où l'on voit un Tabouret fur lequel eft jettée une Robe - de-chambre d'étoffe de foie, une Table de nuit, &c.

48 — 1   161 Un autre, où l'on voit un Bureau, deffus lequel font une mufette & plufieurs papiers de mufique ; deffous eft un violon.

80 — ..   162 Un autre Devant de cheminée, où l'on voit au milieu un grand vafe de porcelaine rempli de différentes fleurs ;

au

au bas eſt un Singe près des raiſins &
pêches, &c. par M. de la Porte.

163   Pluſieurs Portraits de différentes grandeurs & formes, qui ſeront diviſés.

164   Pluſieurs Deſſus de portes en camaïeux
& autres , qui ſeront pareillement diviſés.

165   Pluſieurs Bordures de différentes grandeurs. qui ſeront diviſées.

166   Un Chevalet en bois d'Acajou , très-
bien fait.

____

PEINTURES EN ÉMAIL.

167   Trois Portraits de Louis XIV à différents âges , en émail , par Petitot: ils
ſont dans des bordures de forme ovale ,
avec guirlandes & nœuds de rubans , en
cuivre doré.

168   Le grand Dauphin, fils de Louis XIV,
même bordure , par le même.

169   Deux petits Portraits, auſſi en émail ;
Marie-Anne & Marie-Théreſe d'Autri-
che , par le même : mêmes bordures.

170   Le Portrait de Louis XV , peint en
Guerrier ; il eſt entouré d'un cercle d'or
& propre à orner un bracelet.

171   Le même Portrait dans une bordure
ovale de cuivre doré.

D

172 Deux jolis Portraits de Femmes, dans de pareilles bordures, par Rouquet.

173 Le Portrait d'une Dame, & deux d'une jeune Demoiselle par le même, dans de pareilles bordures.

MIGNATURES.

174 Les Portraits de François Ier & d'Henri II, dans des bordures ovales à guirlandes & nœuds de rubans de cuivre doré.

175 Le Portrait d'une Vénitienne en buste & en corset ; elle tient dans ses mains un coq, & est peinte par la Rosalba, dans une bordure ovale à perles, en cuivre doré.

176 Le Jeu de la main chaude ; petit Sujet de quatre figures par Klingstel, dans une bordure ovale, avec perles en bronze doré.

177 Le Portrait de Louis XIV, habillé en Guerrier, supérieurement bien fait par le même, de 3 pouces & demi sur 2 de large, dans une bordure ovale, avec nœud de ruban en bronze doré.

178 Celui de Louis XV, de même grandeur, & dans une même bordure.

179 Louis XV en cuirasse, la tête nue, dans la bordure quarrée, en cuivre doré.

180 L'Impératrice, Mere de la Reine de France, de forme ovale, de 3 pouces sur 2 & demi de large, dans une bordure à guirlandes en vermeil.

181 Madame la Duchesse de Bourgogne, Mere de Louis XV : elle est représentée vue jusqu'aux genoux, dans un jardin, & tenant des fleurs ; un Amour qui a dans chaque main des couronnes de laurier, paroît prêt à lui en poser une sur la tête. Cette Mignature porte 3 pouces & demi sur 2 & demi de large ; dans une bordure de bronze doré.

182 Le Portrait d'une Dame, la gorge nue, les bras appuyés sur une urne d'où sort de l'eau ; le fond représente un Paysage, dans une bordure quarrée, avec nœud, en bronze doré.

183 Le Portrait d'une jeune Demoiselle en Religieuse, de même grandeur & bordure pareille à la précédente.

184 Le Portrait d'une Dame, représentée en peignoir, à sa toilette, dans une bordure quarrée, en bronze doré.

185 Une jeune Dame en chemise & corset, tenant un bouquet de roses, dans un fond de Paysage, de forme ronde, dans une bordure de bronze doré.

186 Deux Portraits de Femmes, dont une tient une colombe, l'autre porte un

manchon, dans de riches bordures avec ornements à la grecque & nœuds de rubans, en bronze doré.

187 Trois différens portraits de Femmes, dans des bordures ovales à guirlandes & nœuds de rubans de cuivre doré.

188 Le Portrait de Madame la Dauphine, Mere de Louis XVI, affife dans un fauteuil, tenant une brochure.

189 Un Portrait de Femme affife dans un jardin, tenant un livre.

190 Autre Portrait de Femme portant un manchon.

191 Le Portrait de M. de Tournehem, dans un cercle d'or.

192 Un joli Portrait de Femme, la gorge découverte, en chemife, dans l'eau jufqu'à mi-corps, & le bras droit appuyé fur une urne, dans un étui doublé de fatin bleu.

193 Autre petit Portrait de femme, de forme ronde, d'un pouce de diametre.

194 Une Mignature de forme ovale, de 3 pouces, repréfentant une Femme nue à mi corps, la tête appuyée fur fa main gauche; l'Amour eft derriere elle, & prêt à lui lancer un trait.

195 L'Amour couronné par un Génie, fait dans le ftyle antique, en camaïeux, fur un fond brun, de forme ovale, dans une bordure de bronze doré; de 3 pouces & demi.

196 Petit Sujet en cire, où l'on voit l'Amour tenant un caducée & l'écusson des armes de Madame de Pompadour; de 15 lignes de diametre, dans une bordure de cuivre doré.

197 Le Portrait d'un Vieillard, âgé de cent quinze ans, décédé en 1758 en Suisse, fait en mignature par un Officier de Bouillon; sur velin, sans bordure.

MORCEAUX DE SCULPTURE

EN MARBRE, BRONZE, &c.

198 Notre Seigneur sur la croix, en marbre blanc, supérieurement bien exécuté par N. Pigalle, de 27 pouces de haut, sur un fond de marbre noir, dans une belle bordure de cuivre doré.

199 La Statue en marbre blanc, d'une Nymphe de Diane, de grandeur naturelle, avec un chien à son côté gauche; elle tient de la main droite un petit cor : elle est posée sur un piedestal de forme ronde, aussi en marbre blanc.

200 Deux Bustes de marbre blanc, de grosseur naturelle, représentant Voltaire & Montesquieu.

201 Deux autres idem ; le Cardinal de Fleury, & le Chancelier d'Aguesseau.

D iij

202　Deux autres buftes , auffi en marbre ; le Maréchal de Saxe , & M. de Trudaine.

203　Le Bufte de Louis XV , en marbre, de 12 pouces de proportion.

204　Le même Portrait , en médaillon , de marbre blanc , de 18 pouces fur 14 de large : dans une bordure dorée.

205　Portrait de femme coiffée en cheveux, Médaillon en marbre blanc ; de forme ovale , portant 6 pouces , dans une bordure à ornements en cuivre doré.

206　L'Amour affis fur un nuage , portant le doigt fur la bouche pour impofer le filence , en terre cuite , par M. Falconnet ; de 8 pouces de haut , non compris le focle de Boule qui le porte , & le bocal de verre qui le couvre.

207　Le Médaillon de Louis XV , auffi en terre cuite , de 6 pouces de diametre , dans une riche bordure entourée de lauriers , & en bois doré.

208　Quatre Médaillons en terre cuite , repréfentant Rameau , Boucher , Vanloo & Chardin , dans des bordures noires & dorées.

209　Un Vafe , de forme ronde , avec couvercle & guirlandes , de 16 pouces de haut , par un habile Artifte , auffi en terre cuite.

210　Plufieurs autres grands Vafes , en terre cuite bronzée , fervant de couronnements à des Poëles.

211 Plusieurs Figures, Grouppes & Têtes, en terre cuite & plâtre. Ils seront détaillés.

212 Une Tête de Pallas, en plâtre bronzé, sur un pied de bois doré. Hauteur 27 pouces.

213 Une Tête d'Enfant en maillot, plâtre.

214 Léda couchée, & Jupiter métamorphosé en cygne; Plâtre, sous une cage de verre de 17 pouces de long.

215 Treize Gaînes, en pierre, avec guirlandes de fleurs sur les côtés, propres à mettre des Bustes dans un jardin.

216 Un Piedestal quarré d'environ 5 pieds de haut, propre à poser une statue.

217 Un charmant Sujet, exécuté avec beaucoup de délicatesse, en ivoire, & composé de neuf figures de Femmes, Satyres, & Enfants assis & folâtrant aux pieds de deux arbres autour desquels serpentent des ceps de vigne, de la grandeur de 6 pouces sur 3 & demi de large, enfermé sous verre dans une bordure de cuivre à ornements, en cuivre doré: on a joint ici la gravure qu'en a faite Madame la Marquise de Pompadour.

218 Louis XV, Médaillon de profil, fait en cire, en 1771, par Merard.

219 Deux petits Sujets en bas-relief, composés chacun de quatre figures de Silene, Satyre & Enfants; de 6 pouces

de large fur 3 de haut, fous verre,
avec bordures noires.

220 L'Amour tenant un caducée & l'é-
cuffon aux armes de Madame de Pompadour, en cire, dans une bordure de
cuivre doré de 15 lignes de diametre.

VASES DIVERS.

221 Un Vafe, forme de nacelle, de marbre ferpentin, couvert & évuidé en
dedans, de 20 pouces de long fur 13
de haut.

222 Deux Vafes de même efpece & couverts, avec anfes pris de relief dans la
maffe, de 13 pouces de haut.

223 Un Vafe de granit de forme ovale,
évuidé, avec pomme de pin en bronze
doré, fur le couvercle de 14 pouces
fur 9 de haut.

224 Un autre Vafe de granit noir & blanc,
en forme de nacelle, évuidé en dedans,
avec rofaffes & pomme de pin, fur le
couvercle de 13 pouces fur 12 de haut.

225 Un Vafe couvert, forme de nacelle,
en granit vert, avec rofaffes & pomme
de pin fur le couvercle, de 14 pouces
fur 9 de haut; & de plus, deux autres
de même qualité, pour accompagner le
précédent, de 11 fur 7 de haut.

226 Deux Vafes de Granit gris, couverts,

de forme ronde, à gorge, anses, à mascarons, pieds & pommes de pin sur les couvercles; le tout en bronze doré: de 11 pouces de haut sur 10 de diametre.

227   Une Cuvette en granit, de 18 pouc. de long sur 8 de large & 5 de haut.

228   Deux Vases d'albâtre en forme de nacelles, couverts & évuidés en dedans, avec bords & boutons surdorés: de 11 pouces sur 6 de haut.

229   Deux Socles ronds de 5 pouces de diametre sur 2 de haut, en granit vert & noir.

230   Un Fût de colonne en porphyre, avec chapiteau & socle de marbre blanc sculpté, de 12 pouces sur 10 de diametre.

231   Un Vase Egyptien antique, de 13 pouces de haut, avec son couvercle, le tout d'albâtre oriental.

BRONZES.

232   La Statue équestre de Louis XV; elle a été donnée à M. de Marigny par la Ville de Paris: elle porte 2 pieds de haut, & est posée sur un très-beau piedestal en bois noirci & doré.

233   La même Figure, aussi en bronze, de même grandeur.

740   234   La Statue pédestre de Louis XV, portée sur un bouclier par trois Soldats, le tout en bronze de 2 pieds 9 pouc. de haut, & posé sur un superbe piedestal en marbre noir & ornemens en bronze doré. Cette Composition de M. le Moine avoit été projettée pour être placée devant l'Hôtel-de-Ville de Rouen.

961   235   Agrippine couchée, Bronze antique & rare. Cette Figure est belle & bien drappée ; elle a 22 pouces de long, sur un beau pied canelé en bronze doré *.

236   La Figure en pied de Jupiter Olympien, de 21 pouces de haut, sur un pied de bronze doré.

237   Celle d'un Soldat Romain, de même grandeur, & posé sur un même pied que la précédente.

520   238   Un Grouppe de trois figures, représentant Bacchus & Érigone, de 20 pouces de haut, posé sur un pied rond & canelé de bronze doré.

301   239   Un autre grouppe de deux figures, représentant Dédale attachant des aîles à son fils Icare, d'un pied de haut, posé sur un pied quarré de cuivre doré avec ornements.

----

* Ce qui rend cette Figúre importante, c'est qu'elle est vraiment de fonte antique : c'est un legs fait à M. le Marquis de Marigny par M. Massé, célebre Peintre en miniature.

240 La Figure équestre de Marc-Aurele, de 4 pouces de haut, posée sur un superbe piedestal, en bronze doré d'or moulu.

241 Un Bas-relief, en bronze, d'après François Flamand, représentant des Enfants jouant avec une chevre : de 13 pouces sur 8 de haut, dans sa bordure de bois doré.

242 Un Enfant couché sur le ventre & dormant, de 5 pouces de long, posé sur un pied de marbre noir.

243 Un petit Buste de Louis XV, de 4 pouces de haut.

244 Une Tête de Séneque, de grosseur naturelle, sur un pied de marbre.

245 La Tête d'une jeune Fille, de grandeur naturelle, les cheveux retroussés & nattés, sur un pied de marbre.

246 La Figure du Gladiateur, armé de son bouclier & sabre, de 2 pieds de proportion, sur un piedestal de bois noirci.

247 La même Figure, aussi en bronze, & d'égale proportion ; aussi montée sur un piedestal de bois noirci.

248 L'Enfant à la cage, par Pigalle, sur un pied de bois noirci & doré.

249 La Statue équestre d'Henri IV, de 10 pouces de haut, en argent, posée sur un piedestal de bois noirci, garni d'or

nements auſſi en argent, aux quatre coins.

250　La Statue équeſtre du même Monarque, de 6 pouces de haut, y compris le piedeſtal ; le tout en argent, dont partie doré, poſé ſur un pied de bois d'ébene.

251　Une très - petite Statue équeſtre de Louis XV en or & argent, renfermée dans un vaſe de 10 pouces de haut, en porcelaine verte, garnie d'ornements de bronze doré.

252　Deux belles Gaînes de 4 pieds de haut, en bois noirci, avec piedeſtaux & chapitaux en canelures dorées.

253　Pluſieurs Socles en bois, peints en marbre.

254　Divers petits Socles en bois noirci, avec ornements incruſtés en cuivre.

MÉDAILLES ET MONNOIES
EN OR, ARGENT, CUIVRE, &c.

255　Deux Pieces de Monnoie, or de Ducat.

256　Quatre autres Pieces, Monnoie des Indes, en or.

257　Trois grandes Pieces d'or, Monnoies de France, d'Eſpagne & de Portugal.

258　Deux petites Médailles Romaines en or.

259 Quatre Pieces, Monnoie de France,
en argent, des Regnes d'Henri II,
Henri III, &c. & cinq autres très petites.

260 Deux autres d'Allemagne & d'Italie.

261 Seize Pieces de Monnoie des Indes,
& un grand nombre de très-petites.

262 Trente-quatre petites Médailles Romaines en argent.

263 Cinq autres, dont quatre frappées
pour la Fête des Bonnes-Gens, instituée
en la Seigneurie de Canon.

264 Deux autres grandes Médailles, dont
une du Regne de Louis XV pour le
Pont de Neuilly, & l'autre de Louis XVI
pour l'École de Chirurgie.

265 Deux Médailles en argent, avec an-
neaux, représentant Locke & Newton.

266 Un Médailler de forme quarrée, d'environ un pied; il est de bois de palis-
fandre, garni d'ornements en bronze
doré, & contient six tiroirs dans lesquels
sont renfermées soixante cinq Médailles
des Rois de France.

267 Quatre grandes & moyennes Médailles en cuivre, dont Louis XIV, le
Président Jeannin, &c.

268 Six Médailles trouvées à Choisy: elles
ont été frappées sous les Regnes des
Empereurs Trajan, Adrien & Antonin
le Pieux.

269 Trois autres; Henri IV, Louis XV,
& Montesquieu.

270 Vingt-trois petites Médailles Impériales trouvées à Nifmes en Languedoc; & de plus, cinq autres : le tout de billon.

271 Deux grandes Médailles, en cuivre & étain, repréfentant Monfeigneur le Comte d'Artois à cheval, &c. fous verre, & en bordure noire.

272 Quatre Plaques de Monnoies de Suede & vingt-trois Médailles; le tout en cuivre.

273 Soixante Empreintes en étain de différentes Médailles Françoifes & Étrangeres.

274 Le Portrait, en médaillon, du Cardinal de Polignac, de 3 pouces de diametre, dans fa bordure de bronze doré, avec nœud de rubans.

DESSINS DIVERS,

DONT LA PLUS GRANDE PARTIE

EST LAVÉE EN COULEURS.

*N. B. Les Auteurs font rangés par lettres alphabétiques, & les Deffins qui font encadrés portent une * à côté du Numero.*

A M A N D.

275 * Allégorie fur un Mariage. On voit Apollon affis fur des nuages, & donnant la main à Vénus qui eft accompagnée des Graces : les Arts paroiffent s'applaudir de cette alliance ; deux Génies foutiennent des écuffons aux armes des deux époux, & une chaîne d'Amours femblent former une couronne. Cette Compofition eft très-agréable & pleine de génie ; elle eft à la fanguine fur papier blanc.

B A C H E L I E R.

276 * Médaille allégorique, repréfentée par des Enfants proiternés, & adreffant

leurs prieres à la Déeſſe de la Santé ; à la mine de plomb , ſur papier blanc.

BARBAULT.

277 * Vue de l'ancien Palais des Empereurs.

Vue de Sainte-Conſtance , vulgairement dit Tombeau de Bacchus. Aux crayons noir & blanc, ſur papier bleu.

BAUDOUIN.

278 * Le Coucher de la Mariée : charmante compoſition connue par l'Eſtampe qui en a été gravée par Simonet. Ce morceau , exécuté à la gouache avec tout l'eſprit poſſible , eſt ſous glace de 15 pouces ſur 11 de large , dans une riche bordure.

279 * Allégorie ſur le Mariage de M. le Marquis de Marigny : l'Hymen allume ſon flambeau , & couronne deux cœurs poſés ſur un autel qu'un jeune Amour entoure de fleurs. Ce morceau , très-intéreſſant , eſt auſſi fait à la gouache de 7 pouces & demi ſur 5 de large.

BLANCHET.

280 * Deux Têtes de Vieillards ; l'une , au crayon noir & blanc , ſur papier bleu ; & l'autre , à la ſanguine , rehauſſée de blanc , ſur papier gris.
Elles ſont de grandeur naturelle.

BOUCHARDON.

BOUCHARDON.

281 * Un charmant Sujet plein de grace & d'esprit, représentant l'Amour nud, debout, tendant son arc, & prêt à en décocher un trait de fleche. On voit à ses côtés plusieurs grouppes de Jeux d'Enfants. Ce morceau, précieux par sa finesse de touche, est fait à la sanguine, & porte 3 pouces de diametre, dans une bordure de bronze doré. 250 - 1

281 bis * Une des Nymphes de Diane, nue & assise dans un fond de Paysage auprès d'une fontaine où elle est prête à se baigner. Ce morceau, non moins précieusement terminé que le précédent, porte 2 pouces & demi de diametre, dans sa bordure en bronze doré. 330 - "

BOUCHER. (François)

282 * Le Portrait d'une jolie Femme ; il est entouré d'une guirlande de fleurs formée par les Amours, & accompagné des Attributs des Arts. Ce charmant morceau est au pastel. Hauteur 13 pouces. Largeur 9 pouces 6 lignes. 150 - "

283 * Le même Sujet qui n'est pas moins intéressant que le précédent, avec quelques différences dans la composition, & qui a été fait de la même maniere en 1754, & de la même grandeur. 143 - "

E

112 . . 1 284 * Des Amours sacrifiant sur un autel, & célébrant la convalescence d'une jolie Femme qui s'éleve en repoussant des nuages. On lit ces mots sur l'autel : *Nous renaissons*. Ce Dessin est aux trois crayons , mêlé de pastel, par le même. Hauteur 15 pouces. Largeur 10 pouces 6 lignes.

215 . . „ 285 * Vénus assise ; elle est accompagnée de deux Amours , & tient en lesse deux colombes : charmant Dessin au pastel , dans une riche bordure entourée de guirlandes de fleurs. Hauteur 18 pouces. Largeur 13 pouc.

80 . . „ 286 * Saint Jean enfant ; il est assis : son mouton est auprès de lui. Au pastel.

160 . . „ 287 * Une jeune Fille, accompagnée d'un Enfant ; elle porte deux paniers de fleurs suspendus par un bâton. Pastel. Haut. 10 pouc. Larg. 8.

72 . . 19 288 * Une Bergere assise & vue à mi-corps ; elle est coîffée d'un chapeau de paille , & tient une corbeille de fleurs. Ce joli morceau est peint au pastel. Hauteur 14 pouces. Largeur 10 pouc. 6 lignes.

91 . . 2 289 * L'Aurore & Céphale, & la Colere de Neptune. Ces deux morceaux sont aux crayons noir & blanc, sur papier bleu.

102 . . „ 290 * Vénus demandant à Vulcain des armes pour Énée. Cette agréable Composition a pour pendant, Verturnne &

Pomone. Ces deux Deſſins ſont exécutés
aux crayons noir & blanc, ſur papier
bleu.

291 *   Deux Femmes nues, couchées & en-
dormies ; aux crayons noir & blanc,
ſur papier bleu.

292 * Le Modele d'une Pendule, formée par
un globe ſoutenu par les Arts, couronné par l'Amour & par le Temps qui
marque les heures avec ſa faulx : aux
crayons noir & blanc, ſur papier gris.

293 *   Vue d'une Campagne, où ſont ré-
pandues quelques chaumieres : ſur le
devant, des Blanchiſſeuſes. Aux crayons
noir & blanc, ſur papier bleu.

294   Sept Deſſins en feuilles, dont cinq à
la plume & au biſtre ; ils repréſentent
une Jardiniere, une Batteuſe de Beurre,
une Laitiere, &c. Ils ont été exécutés
en pierre de Tonnerre, & placés au
Château de Crécy.

C O C H I N. (Ch. N.)

295 *   Deux charmants Deſſins, à la mine
de plomb, dont l'un repréſente le Médaillon de Louis XV, accompagné de
Génies ſous des figures d'enfants ; les
uns forment un trophée d'Armes, & les
autres ſont caractériſés par les attributs
de la Peinture, Sculpture & Architecture. Il a été fait pour le frontiſpice du
premier volume du Catalogue raiſonné

des Tableaux du Cabinet du Roi, par M. Lépicié.

Le second repréſente la Peinture ſous la figure d'une Femme aſſiſe ; elle eſt inſtruite par l'Hiſtoire & par le Deſſin : le Génie des Arts repouſſe le Temps, & ſemble le forcer de diriger ſon vol d'un autre côté. Il ſert de fron-tiſpice au deuxieme volume du même Ouvrage.

296 Trois différents Projets pour le tombeau de feu Monſeigneur le Dauphin, compoſés de dix Deſſins de divers grouppes de figures allégoriques relatives au ſujet : à la ſanguine, avec explications manuſcrites pour chacun des Deſſins ; reliés en 1 vol. in-folio, veau fauve.

297 * Deux différentes Vues de Rome, priſes de la Loge de l'Académie ; à la pierre noire, ſur papier blanc, ainſi que toutes les ſuivantes.

298 * Quatre Vues de Rome ſe faiſant ſuite les unes aux autres, priſes du Perron de l'Egliſe de San Grégorio. Le Coliſée. L'Arc de Conſtantin. Le Mont Palatin , ou Palais des Empereurs : Aquéduc du Palais des Empereurs ; & de plus , la Vue du Temple de Fauſtine au Campo-Vaccino, & celle des Reſtes du Temple de la Paix.

299 * Vue de Caſtel Gandolphe.

Vue du Mont Palatin à Campo-Vaccino.

Et celle du Temple de la Concorde.

300 * Vue du Village des Echelles en Savoye.   48

Aventure du Paſſage des Alpes.

301 * Vue du Pont Saint - Biaggio à Vicence.   94

Vue d'un Village près du Lac Majeur.

Vue du Tombeau de Théodoric près de Ravenne.   50

Et la quatrieme eſt la Vue d'un Village dans l'État de Véniſe.

302 * Quatre autres Vues de l'Arc de Titus.   40   19

Arc de Septime-Sévere.

Reſtes d'un Temple près l'Eratio.

Et les Reſtes du Temple de la Concorde.   26   4

303 * Cinq autres : Reſtes du Temple de Jupiter tonnant.   30

Reſtes d'un Aquéduc près Saint-Stephano Rotondo.   39

Vue de la Tour de Valmarana.

Coloſſe de Saint-Charles près de la Ville d'Arona, ſur les bords du Lac Majeur.

Et la Vue du Théâtre de Turin.   40

N. B. Toutes ces Vues ont été faites d'après nature par M. Cochin, dans ſon voyage d'Italie avec M. le Marquis de Marigny.

E iij

304 * La Repréſentation de l'Opéra d'Acis & Galathée, priſe de la coupe du Théâtre de la petite Salle de Spectacle élevée ſur l'eſcalier des Ambaſſadeurs à Verſailles, faite à gouache. Hauteur 6 pouc. Larg. 15 pouc.

305 * Vue du Clocher & partie du Village de Marigny, priſe du Sallon du Château.

Vue générale du Château de Marigny & Bâtiments adjacents, priſe de la colline en face du Château.

306 * Vue priſe au Château de Marigny, de la Salle au-deſſus de l'entrée.

Autre, du côté du Jardin, priſe de ce même Jardin.

Autre, du côté de la Ferme, priſe de dedans ladite Ferme.

Les cinq Deſſins ci-deſſus ſont à la pierre noire, ſur papier blanc.

307 * Vue d'une partie de la Place du Marché de Marigny.

Vue de la Gorge Fillon, près Marigny.

Vue du Hameau Écoute-s'il-pleut, près Marigny. Ces trois Deſſins ſont à la ſanguine, ſur papier blanc.

308 Trois Deſſins. Un Autel ſingulier à Veniſe : le Coloſſe d'Hercule à Colorno ; & un Sujet d'une Scene domeſtique, par le même.

COYPEL. (Charles)

309 Sept Sujets, Études de Têtes, Figures & Portraits, dont Joseph reconnu par ses freres ; ce dernier est à la plume & colorié.

DE WAILLY.

310 * Six Vues de Rome, à la plume, & lavées d'aquarelle, de 13 pouces sur 8 & demi de haut ; ornées de beaucoup de figures, très-spirituellement exécutées : savoir, les Places de la Rotonde, de la Colonne Trajanne, Navone, du Peuple ; les Colonnes Trajanne & Antonine.

GODEFROY. (N.)

311 * La Statue équestre de Marc-Aurele, d'après l'antique ; à la sanguine, sur papier blanc.

GREUZE. (J. B.)

312 * Une Marchande d'Huîtres ; elle est assise : on voit debout, auprès d'elle, un Charbonnier qui la caresse, & qui semble lui montrer quelque chose. Une lumiere, qui est dans un panier, procure un effet très piquant. Ce Dessin est à la plume, lavé de bistre, & d'encre de la Chine, sur papier blanc.

Hauteur 18 pouc. Larg. 13 pouc. 6 lig.

JEAURAT. (Et.)

313 * Quatre différentes Vues & Ruines de Rome ; à la pierre noire, lavées au biftre, & rehauffées de blanc, fur papier gris.

LANTARA.

313 *bis** Le Déluge. Sur le devant à droite, on voit une barque d'où fortent différentes perfonnes qui fe fauvent fur une arche de pont à moitié ruiné ; à gauche, un rocher percé ; & dans le fond, l'Arché de Noé, une Ville fubmergée & la foudre qui tombe. Les figures font de M. de Wailly. Aux crayons noir & blanc, fur papier bleu.

LE LORRAIN.

314 Quarante Deffins d'Etudes & Compofitions faites pendant fon voyage de Ruffie ; les uns lavés à la fanguine, les autres à la pierre noire, en 1 vol. in-4°. veau.

314 *bis** * Le Portrait en Médaillon de l'Impératrice de Ruffie, fait en 1758, à la pierre noire ; grandeur de 6 pouces de diametre.

L'ENFANT.

315 * Deux Combats de Cavalerie, aux trois crayons.

NATOIRE. (Charles)

316   Allégorie sur la Mort de Saint-Louis,
& son Apothéose: à la plume, & lavé
en couleurs.

317   Vue de Monte-Porcio dans la Campagne de Rome. Sur le devant, des
Satyres & Bacchantes. Aussi à la plume
& lavé d'aquarelle.

318 * Un Faune caressant une Bacchante,
d'après l'antique : à la pierre noire, sur
papier blanc.

319 * Deux Dessins faits en 1758, d'après
une Statue antique de plus de 6 pieds,
trouvée à Rome, représentant une Vénus, dans la même attitude que celle
de Médicis : elle est nue, debout, &
accompagnée d'un Amour monté sur
un Dauphin.

320 * Six différentes Vues de Jardins de
Rome, à la plume, au bistre, & re-
haussé de blanc au pinceau, sur papier
bleu.

PANNINI. (Jean-Paul)

321 * Deux Dessins de noble Architecture
composée de Colonnes en perspective,
& ornés de figures; ils sont lavés d'a-
quarelle, & de la premiere distinction.
Ils viennent du Cabinet Mariette. Hauteur 14 pouc. Larg. 10 pouc.

PÉRIGNON. (N.)

250 . 322 * Vue de la Place de Louis XV, faite
à la gouache, & prife du Palais Bour-
bon : on découvre une partie de la Riviere, des Tuileries & des Champs-
Elifées, avec les embelliffements pro-
jettés. Haut. 12 pouc. Larg. 20 pouc.

90 . 323 * Une branche de Lilas, & un Papil-
lon, de la plus grande vérité, colorés
fur nature en 1759. Haut. 15 pouc.
Larg. 13 pouc.

PORTAIL. (N.)

N. B. Tous les Morceaux ci-deffous du
même Auteur font faits en miniature avec
le plus grand foin.

168 . 324 * Diane au Bain, accompagnée d'une
Nymphe, Morceau très-agréable. Haut.
12 pouces 6 lignes. Larg. 8 pouces.

82 325 * Vénus fortant du bain ; elle tient
l'Amour entre fes bras. Haut. 6 pouces.
Largeur 5 pouces ; forme ovale.

47 326 * Le Portrait d'une jeune & jolie
Femme, coiffée en cheveux, & vue de
face. Hauteur 6 pouces 6 lignes. Largeur 5 pouc. 3 lig. de forme ovale.

42 327 * Autre jolie Femme affife, & vue
jufqu'aux genoux : elle eft vêtue galam-
ment, & eft appuyée fur un couffin ;
elle tient un livre, & paroît le lire

avec satisfaction. Hauteur 11 pouces. Larg. 8 pouc.

328 * Le Portrait de Madame Élisabeth de France, Duchesse de Parme ; sous la figure de l'Aurore. Il n'est pas entiérement terminé. Haut. 8 pouc. Larg. 9 pouc. 6 lignes ; de forme ovale.

329 * Une jeune Fille assise, & en déshabillé. Elle ouvre sa chemise, & paroît y regarder attentivement. Hauteur 9 pouc 6 lig. Larg. 8 pouc. Forme ovale.

330 * Une Tête de jeune Femme, d'un caractere noble ; elle est vue de face, & les yeux dirigés vers la droite. Haut. 11 pouc. Larg. 9 pouc. 6 lig. de forme ovale.

331 * Un joli Portrait de femme coiffée en cheveux ; dans une riche bordure dorée avec guirlandes.

332 * Onze autres petites Têtes de femmes, de différents caracteres, par le même, aussi en miniature, lesquelles seront divisées.

333 * Du Gibier mort & de la Volaille ; un Vase rempli de Fleurs, des Fruits, des Légumes, un Nid d'Oiseaux avec les Œufs, &c. Hauteur 11 pouces 6 lignes. Largeur 15 pouces 6 lignes.

334 * Un Pot rempli de Tulipes, d'Anemones & autres Fleurs. Une Poire, une Pêche, des Prunes, &c. Hauteur 14 pouces 6 lig. Largeur 11 pouc. 6 lig.

48 335 * Des Pêches, du Raisin, &c. dans un Plat d'argent. Hauteur 10 pouc. Larg. 12 pouc.

12 336 * Des Choux, Concombres, Poire, Pêche, Abricots, &c. Hauteur 9 pouces 6 lignes. Largeur 12 pouces.

12 337 * Un Lapin & un Faisan morts. Hauteur 6 pouces 6 lignes. Largeur 10 pouces.

338 * Un Canard nageant avec son petit sur le dos. Hauteur 4 pouces. Largeur 5 pouces 6 lignes.

130 339 * Saint Antoine en prieres, & un Vieillard disant le *Benedicite*. Aux trois crayons. Haut. 18 pouc. Larg. 15 pouc.

71 340 * Saint Augustin en méditation, & Saint Paul tenant un Livre. Aux trois crayons. Haut. 18 pouc. Larg. 15 pouc.

78 341 * Une Femme assise, & un Enfant qui se précipite sur elle pour se sauver du saut d'une chevre; à la pierre noire, & lavé d'aquarelle.

90 342 * Deux Études de deux jeunes Filles assises; l'une tient un chat, & l'autre paroît occupée à lire. Elles font aux trois crayons, & ne font pas entiérement terminées.

28 343 Deux Bustes de jeunes Femmes, l'une vêtue & coîffée à la Françoise, & l'autre dans le costume Hollandois. Cette derniere paroît être d'après Metzu. Ces deux Morceaux font faits avec un soin tout particulier, en miniature.

344 Deux Pieces représentant des Roses, Pavots & autres Fleurs, dans un panier & dans un gobelet.   36 . ..

345 Deux autres ; ce sont des Pêches, Œillets, Jacinthes, Grenade, Giroflée, &c.   19 . 19

346 Deux autres. On y voit un Chou, des Pommes, une Perdrix morte, &c.   14 . 19

347 Quatre autres Études de Tulipe, Rose, Renoncules, Pêches & Prunes.   13 . 19

348 Huit Études de Mendians & d'une jeune Femme debout tenant un panier ; à la sanguine, & au crayon noir : quelques-uns lavés de bistre.   91 . 19

349 Neuf autres, dont une jeune Femme étudiant de la Musique.   18 . ..

350 Dix-sept Paysages & Vues ; la plupart à la pierre noire, sur papier blanc.   2? . 19

PIERRE. (J. B. M.)

351 * Vue du Château de Marigny, du côté de l'entrée, à la pierre noire & sanguine, sur papier blanc.   48 . ..
     Vue, du côté de la cour intérieure.
     Vue d'une des tours extérieures du même Château : idem.

352 * Deux différentes Vues de la Ferme du même Château : à la sanguine.   66 . 2
     Vue de l'Eglise & partie de la Place du Marché de Marigny ; idem.

353 * Trois Vues, de l'Eglise de Menard,   74 . 19

du Lavoir, & de la Maifon du Serrurier à Menard ; à la fanguine, fur papier blanc.

1.14   4   354   Trois Deffins, dont un Sujet champêtre, à la fanguine.

Pizzolus, de Bologne.

32   1   355   * Des Ruines d'Architecture dans un Payfage ; à la plume, lavé au biftre, & rehauflé de blanc au pinceau.

Rigaud. (Hiacynthe)

299   19   356   * Le Portrait en bufte, & de grandeur naturelle, de Jean la Fontaine, célebre Poëte François. Il eft vu de face, la tête dirigée vers la droite.

Ce Deffin, d'un rare mérite, eft aux trois crayons, fur papier gris ; & fous glace. Hauteur 20 pouces 6 lignes. Larg. 15 pouces 6 lignes.

Roettiers. (C. N.)

48   "   357   * Les cinq Sens repréfentés par des Sujets champêtres : ils font faits avec beaucoup de foin, à la fanguine.

Vien. (Madame)

76   "   358   * Des Rofes dans un Gobelet, pofé fur une pierre ; fait à gouache. Hauteur 9 pouces 6 lignes. Largeur 7 pouces 6 lignes.

WATELET, Amateur.

359 * Une Vue d'Anvers, & une de Rotterdam ; ces deux Morceaux sont lavés d'aquarelle.

DESSINS,

PAR DIFFÉRENTS MAÎTRES.

360 * Tête de jeune Homme couronné de fleurs, par C. la Traverse ; & de plus, la Tête d'un des Anges dans le Tableau d'Héliodore, d'après Raphaël, par N. Doyen. 1754. Ces deux Dessins sont aux crayons noir & blanc sur papier gris.

361 * Saint Grégoire, Pape, assis, & tenant d'une main un livre, & de l'autre une plume. A la pierre noire, sur papier blanc, d'après C. Maratte, par N. Briard, en 1754.

Un des fils de Niobé, d'après l'antique, à la sanguine, sur papier blanc, par C. la Traverse, 1754.

362 * La Tentation de Saint Antoine ; dessinée à la plume, d'après l'Estampe de Callot, par J. Bertaux, âgé de douze ans.

363 * Achevement d'une des Façades de la Cour du vieux Louvre, & démolition

des Bâtiments contenus dans son enceinte ; à la plume, & lavé, par G. F. Blondel, & orné de figures par G. de Saint-Aubin.

12   19   364 * Carte Topographique de la Forêt de Marly & de ses Environs, par M. Lafeigne, Géographe des Bâtiments du Roi ; à la plume, & lavé.

26   1   365 * Plan de Versailles & de ses Environs ; à la plume, & lavé.

7   19   366 * Plan de l'Hôpital Saint-Louis. Élévation d'une Maison de Campagne entre deux Jardins.

48   1   367 * Vue & perspective intérieure de la nouvelle Église de Sainte-Genevieve, par Desbœufs.

12   2   368 * Foire à la Place Vendôme. A la plume, par Berteaux.

22   ..   369 * Plan de la Bataille de Suttemberg, gagnée par M. le Prince de Soubise sur les Hanovriens & les Hessois.

30   1   369 *bis* * Deux Paysages, par Desfriches & Filement ; ils sont ornés de fabriques & figures : l'un, à la pierre noire & à l'estompe, sur vélin ; & l'autre, à la pierre noire, mêlée de pastel.

7   ..   370 Quatre, dont trois par M. Berruer ; ils représentent un Sacrifice à Diane : Hercule,

Hercule, vainqueur de l'Amour ; les trois Graces, &c. à la fanguine, fur papier blanc.

371   Vingt Deffins d'Ornements, Plafonds, Autels, Cheminées, &c. par J. de Udine, Perin del Vague, le Roffo, Th. Zuecharo, Jofepin, Aug. & L. Carrache, Civoli, &c.   36 — ..

372   Vingt-fept autres, par Perin del Vague, le Pomerange, Errard, &c.   30 — ..

373   Quatre, de Vafes, fur vélin & papier, à la plume, & lavés, par Léonard Thierry, & autres.   12 — ..

374   Deux Mafcarons de Satyres ; à la plume, par J. B. de Mantoue.   11 — 19

375   Trente Feuilles de Fleurs & Plantes lavées d'aquarelle.   26 — ..

376   Quarante-cinq Deffins à la plume & à l'encre de la Chine ; ils font faits aux grandes Indes, & repréfentent différents Sujets concernant la Religion des Brames, intitulé *Ezourvedam*. Quelques-uns de ces Deffins font accompagnés d'une explication Françoife manufcrite.   37 — ..

377   Soixante-deux autres pour le même Ouvrage, dont plufieurs font coloriés.   44 — ..

378   Quatre-vingt-cinq Deffins relatifs à la   166 — ..

F

Religion des Brames ; le Sujet de chacun de ces Deſſins, faits aux grandes
Indes, eſt écrit derriere en Langue du
Pays & en Arabe. Ils ſont à gouache,
& renfermés dans une boîte.

DESSINS D'ARCHITECTURE,

EXÉCUTÉS ET EN PROJETS,

PAR DIFFÉRENTS HABILES ARTISTES.

379 * Neuf différents Plans, Coupes &
Élévations, ſur une même feuille, d'une
nouvelle Salle de Comédie Françoiſe,
projettée ſous les ordres de M. le Marquis de Menard en 1769, exécutée ſous
ceux de M. le Comte d'Angivilliers en
1779, d'après les Deſſins des ſieurs
de Wailly & Peyre, Architectes du
Roi.

380 * Vue perſpective & extérieure du
Château de Verſailles, priſe de la
Place, faite en 1773 par Heurtier ; à la
plume, & lavé d'aquarelle.

381 * L'intérieur de la nouvelle Egliſe de
la Madeleine de la Ville-l'Évêque à
Paris, par Contant ; à la plume & au
biſtre, rehauſſé de blanc.

382 * Trois Deſſins, par le Bourſier, re-

préſentant un Plan & deux Élévations
d'un Projet de Temple aux Muſes, propre à loger un Protecteur des Arts; à
la plume, & lavés.

383 * Vue intérieure & perſpective d'un
Temple funéraire, par Cherpitel; à la
plume, & lavé.

384 * Deux différentes Vues perſpectives,
du même Sujet, différemment compoſé;
à la plume & lavé, par Chalgrin.

385 * Élévation extérieure d'un Temple,
orné d'une Colonnade & de Fontaines;
Deſſin à la plume & lavé, par N. M.
Potain, Architecte du Roi. Il porte
18 pouces de haut ſur 3 pieds & demi
de long.

386 * Le Plan de Menard, lavé en couleurs.

387 * Vue générale & Perſpective des Maiſons, Cours & Jardins de l'Hôtel de
Madame la Marquiſe de Pompadour à
Paris, avec les augmentations qui de-
voient y être faites; à la plume & lavé
par M. le Roy le jeune.

388 * Deux Vues en mignature du Château
de Menard; l'une du côté de la principale entrée, & l'autre du côté de la
riviere: ces deux morceaux ſont d'un
fini précieux; exécutés par N. le Roy.

389 * Illumination de la Façade de l'É-

glife de Saint - Pierre à Rome, par
Peyre le jeune : Deffin d'un effet piquant,
à la plume , lavé au biftre, & rehauffé
de blanc au pinceau : de forme ronde. 10
pouces.

35   19   590 * Vue extérieure de l'Eglife Saint-
Pierre , du Palais du Vatican, & d'une
partie de la Ville de Rome ; d'un
précieux détail, à la plume , fur vélin,
par Livinius Cruys. Haut. 13 pouc.
Larg. 19 pouc.

       591 Trois Plans , Coupes & Élévations
à la plume & lavés, d'un Projet pou
une Foire , qui a remporté le premie
Prix en 1762 , par A. F. Peyre.

30   ..   592 Quatre autres, pour une Académie
monter à cheval , dans une Ville Capi
tale. 1759 ; avec deux feuilles d'expli
cations.

29   19   593 Dix-huit, pour une Salle de Spectacl
& fes dépendances ; Arc de Triomphe
Colifée , &c.

34   19   594 Élévation extérieure d'un Palais au
Armes de France & du Pape , pou
une Fête à Rome ; à la plume & cole
rié par A. le Roy.

30   ...   595 Quatre Plans , Coupes & Élévatior
d'un Arc de Triomphe qui a remport
le premier Prix en 1763 , par M. D
mont.

       Deux autres, pour une Douane q

a remporté le Prix en 1767, par
M. Dorléans.

396   Trois, d'une Académie à monter à
cheval, par Le Roy.
    Quatre, d'une Salle de Concert.

397   Trois, d'un Portail d'Église, par M.
Dorléans.
    Deux, d'un Collége.

398   Cinq, d'un Pavillon à l'angle d'une
Terraffe, par M. Chalgrin.
    Sept, du même Sujet, par M. Cher-
pitel.

399   Onze, d'une Salle de Spectacle, par
M. Potain.

400   Quatre, d'une Église, par M. Ray-
mond, en 1766.
    Trois autres, auffi d'une Église, par un
Maître inconnu.

401   Neuf, de la nouvelle Salle de la
Comédie Françoife, par Meffieurs Peyre
& de Wailly.

402   Deux, d'un Temple funéraire, par
M. Rouffeau, 1777.
    Trois, de Temples, pour les trois
Arts, la Peinture, la Sculpture & l'Architecture, avec leur réunion, par le
même.

403   Vingt-huit Plans, Coupes & Élévations des principales Églifes d'Italie; à
la plume, & lavés.

404 Trente Deſſins de Palais, Tombeaux, Temples, Vaſes & Uſtenſiles d'Hercula-num, Théâtres, &c. deſſinés en Italie, pendant le Voyage de M. le Marquis, dans les années 1749, 1750 & 1751.

405 Dix-ſept Plans des plus beaux Théâ-tres de l'Italie.

406 Quinze, Plan de Verſailles, Diſtri-bution des tuyaux pour la conduite des eaux dans le Parc ; Plan de la Forêt de Compiegne, &c.

407 Dix-huit, Élévations de Palais en Ita-lie, Eſcalier des Prémontrés à Paris, Bibliotheque de la Minerve à Rome, le Pont de Neuilly, les Plans de Cham-bord, &c.

408 Cinq Volumes in-4°. reliés en maro-quin rouge à dentelles, contenant les morceaux ci-après qui ſont précieuſe-ment deſſinés à la plume & lavés, & de plus accompagnés de tables manuſ-crites.

Recueil des Plans du Palais des Tui-leries & des Hôtels qui en dépendent, en trente-huit Deſſins.

Quarante-ſix, des Maiſons Royales du Département de Paris.

Cinquante-un, des Bâtiments, Jar-dins, Boſquets & Fontaines du Château de Verſailles, Trianon & la Ménagerie.

Trente, des Bâtiments, Jardins,

Bosquets & Fontaines du Château de
Marly ; in-4°.

Cinquante, du Château de Fontainebleau & des Hôtels qui en dépendent.

409 Divers Projets d'une place publique,
pour ériger la Statue équestre de
Louis XV, au nombre de dix-neuf
Dessins ; à la plume & lavés avec
le plus grand soin, par les plus célebres
Architectes du temps. Janvier 1753 ;
in-fol. maroq. rouge à dentelles.

410 Projet d'une Salle de Spectacle, inventé & dessiné par N. M. Potain, Architecte du Roi, en 1758, composée
de quatorze Dessins ; très-grand in-fol.
en mar. rouge.

411 Différentes Observations sur plusieurs
Edifices des Villes d'Orléans & de
Blois, des Châteaux de Chambord &
d'Amboise, de la Roche-Courbon, de
l'Abbaye de Marmoutiers, de la Ville
de Tours & du Château de Richelieu,
accompagnés de Dessins à la plume &
lavés des Plans, Élévations & Coupes
du Château de Blois, par M. Blondel ;
in-fol. veau.

412 Traité par extrait sur la proportion
des Ordres d'Architecture & sur la position des uns sur les autres ; par N.
M. Potain, Architecte du Roi. 1759,
in-fol. maroquin rouge.

F iv

36 . . 1 413 Quinze Deſſins d'Architecture de Temples, Arcs de Triomphes & Monuments antiques, à la plume & lavés, ſur vélin : in-fol. veau fauve.

36 — 1 414 Quarante-cinq Deſſins de Payſages & Marines, à la plume, par le Duc de Bourgogne, Pere de Louis XV. Ils ſont renfermés dans un petit porte-feuille maroquin rouge à dentelles.

E S T A M P E S   E N C A D R É E S.

43 . 10 415 LOUIS XIV en pied, d'après Rigaud, par Drevet : très-belle épreuve.

19 . 19 416 La Statue équeſtre de Frédéric V. d'après J. Saly, par J. M. Preiſler.

16 — 17 417 L'Eſtampe connue ſous le nom de la Pierre du Louvre, gravée par S. le Clerc ; épreuve avant l'année.

18 .. 418 Le Tombeau du Maréchal de Saxe, d'après J. B. Pigalle, par C. N. Cochin & N. Dupuis.

31 .. 419 La Continence de Scipion ; les Adieux d'Hector & d'Andromaque, d'après F. le Moine & J. Reſtout, par Ch. le Vaſſeur.

12 — 5 420 L'Aurore & Céphale ; l'Enlévement d'Europe, d'après F. le Moine, par L. Cars.

421 La Récompense Villageoise, d'après C. le Lorrain, par J. P. le Bas.

422 La Suite des seize Ports de Mer de France, par Messieurs Vernet, le Bas & Cochin ; très-belles épreuves.

423 La Tempête & le Calme, d'après J. Vernet, par J. J. Balechou ; anciennes épreuves, dont on a coupé l'écriture.

424 Les quatre Heures du Jour, d'après J. Vernet, par J. Cathelin.

425 L'Accordée de Village, gravée par J. J. Flipart ; d'après le Tableau de M. Greuze, N° 49 du présent Catalogue : épreuve du meilleur choix.

426 La même Estampe, aussi parfaite.

427 Le Geste Napolitain, d'après le même, par E. Moitte.

428 Susanne au bain, d'après J. B. Santerre, par N. Porporati.

429 La Sultane, & la Confidence, d'après C. Vanloo, par J. Beauvarlet.
Ce sont les Estampes des Tableaux indiqués au N°. 131 du présent Catal.

430 Trois Pieces, dont la Chasse au tigre, d'après F. Boucher, par J. J. Flipart, &c.

431 Lycurgue blessé dans une sédition ; Estampe dans la maniere du crayon, d'après M. Cochin, par Demarteau ;

épreuve parfaite, avec les mots de *réception à l'Académie.*

15 10 432 Trois pieces, dont le Corps-de-garde, gravé dans la maniere du crayon, d'après C. Vanloo, par François, &c.

16 12 433 Trois autres, dont Persée & Andromede, dans le genre du lavis, par Charpentier, &c.

12 10
40 " 434 Le Portrait de M. de Tournehem, ✳ d'après L. Tocqué, par N. Dupuis; & celui de Netscher, auec sa femme & son fils, d'après lui-même, par F. David.

____

ESTAMPES EN FEUILLES.

9 10 435 Diogene, d'après l'Espagnolet; Vierge & l'Enfant Jésus, d'après C. Maratte; les deux Fils de Rubens: toutes trois par J. J. Daullé, pour la Galerie Royale de Dresde.

27 " 436 La Madeleine, d'après le Corrége, par le même : épreuve avant le N°. Même Galerie.

20 " 437 *Quos Ego*, d'après Rubens, par le même; même Galerie.

32 1 438 Deux, d'après le Corrége & le Guide, par Surugue, dont l'Adoration des Bergers, ou la Nuit; même Galerie.

D'après VAN DYCK.

439 Le grand Couronnement d'Epines,
gravé par S. à Bolfwert ; fuperbe
épreuve, ainfi que les pieces fuivantes.

440 Cinq, dont Jéfus portant fa croix,
par C. Galle.
Ecce Homo, gravé par lui-même,
original & copie.
Jéfus-Chrift en croix, P. Clouwet.
Jéfus-Chrift mort, par vanden Wyn-
gaerde.

441 Le Chrift dit à l'Éponge, où S. Jean
eft repréfenté ayant la main fur l'épaule
de la Vierge, par S. à Bolfwert ;
avec une feule ligne d'infcription au
bas.

442 La même Eftampe, où la main eft
fupprimée, & avec trois lignes d'infcription.

443 Deux différents Sujets de Renaud &
Armide, par P. de Jode & P. de Bailliu.

444 Cinq Portraits, dont ceux de Charles Ier, de Cromwel, du Prince d'A-
remberg à cheval, &c. ces trois épreuves
font avec des différences remarquables ;
par P. Lombard, R. V. Voerft, P. de
Bailliu, &c.

445 Samfon endormi fur les genoux de
Dalila reçoit le prix de fa confiance ;

H. Snyers *fculpfit.* Cette Eftampe eft très-rare, & d'une très-grande beauté d'épreuve.

40 1 446 Sainte Famille connue fous le nom de la Danfe des Anges, par S. à Bolfwert, vanden Enden *excudit.*

27 1 447 Sainte Famille, où l'Enfant Jéfus eft repréfenté dormant fur le fein de la Vierge : *Ne fua ,* &c.

La Vierge, l'Enfant Jéfus & Sainte Catherine : *Medulus ,* &c. Toutes deux par S. à Bolfwert.

36 448 Trois Pieces ; Vierge & l'Enfant Jéfus : *Virgo quem mater ,* &c. H. Snyers ; Sainte Rofalie, P. Pontius ; Jéfus-Chrift mort , & entre les bras des faintes Femmes , par le même.

85 449 Jéfus portant fa croix ; il eft conduit par les Soldats , & accompagné des faintes Femmes, d'après J. van Hoeeck, par Alex. Voët.

Cette Eftampe eft très-rare à trouver auffi parfaite que celle ci. ; elle eft principalement remarquable par la réunion de la planche qui, ayant été coupée, forme cinq morceaux. Nous l'avons ici complette avec cette infcription : *Sufceperunt autem Jefum ,* &c.

D'après JACQUES JORDANS.

450 Deux différentes Compositions de l'Adoration des Bergers ; l'une gravée par P. de Jode, & l'autre par Marinus.

451 La Fuite en Egypte ; Jésus-Christ en croix, d'après le même, par P. Pontius & S. à Bolswert.

452 Saint Martin de Tours délivrant un possédé ; le Martyre de Sainte Apolline, par P. de Jode & Marinus.

453 Le Flûteur ; la Laitiere, par S. à Bolswert.

454 Jupiter & Mercure chez Philémon & Baucis, par N. Lauwers, d'après le même.

455 Mercure & Argus ; le Satyre & le Paysan, par S. à Bolswert & L. Vorsterman.

456 Le Concert, par S. à Bolswert ; & de plus, une Allégorie : *Nosce te ipsum* ; sans nom de Graveur.

457 Le Roi boit, par P. Pontius, d'après le même.

---

458 Onze, d'après J. P. Panini & Wouvermans, par J. Moyreau, dont la grande Chasse au Cerf.

459 Le Portrait en pied d'Élisabeth, Im

pératrice de Russie, d'après L. Tocqué,
par G. F. Schmidt.

460   La même Estampe, aussi belle épreuve.

461   Le Portrait de Louis XV en pied,
d'après L. M. Vanloo, par J. Cathelin.

462   La même Estampe, double.

463   Quatre, d'après Teniers, &c. dont
la troisieme Fête Flamande, par J. P.
le Bas, &c.

464   La Récompense Villageoise, d'après
C. le Lorrain, par J. P. le Bas; & les
quatre Heures du Jour, d'après J. Vernet, par J. Cathelin.

465   La Continence de Scipion, d'après
F. le Moine; & les Adieux d'Hector
& d'Andromaque, d'après J. Restout;
toutes deux par le Vasseur.

466   Susanne au Bain, d'après J. B. Sans-
terre, par N. Porporati.

467   Deux autres, de la même Estampe.

468   L'Accordée de Village, d'après J. B.
Greuze, par J. J. Flipart; épreuve
avant la lettre; elle n'est pas entiere-
ment terminée : & de plus, le geste
Napolitain, d'après le même, par E.
Moitte.

469   La Confidence, & la Sultane, par J.

Beauvarlet ; & les quatre Arts, par E.
Feſſard, d'après C. Vanloo.

470 Sept Eſtampes d'après F. Boucher ;
dont les quatre Saiſons, gravées par J.
Daullé.

471 Quatre Payſages & Marines, d'après
Dietricy & J. Vernet, par P. Benazech.

472 Les numéros 1, 2, 3 & 4 des Ports
de Mer de France, d'après M. Vernet ;
épreuves à l'eau-forte, par M. Cochin.

   Ce ſont les Vues de Marſeille, Tou-
lon, &c.

473 Six autres d'après J. Vernet, dont le Dé-
part pour la Péche, & Pendant : ces deux
pieces ſont gravées par J. P. Lebas.

474 Une ſuites intitulée : *Hiſtoire du Roi*,
par Médailles ; elle eſt compoſée de
neuf Sujets, dont huit par M. Cochin,
& d'après lui ; le dernier, d'après M.
Vien, par Aliamet.

   Chaque Eſtampe eſt accompagnée
d'une explication renfermée dans des
bordures, & ornées de culs-de-lampes,
du Deſſin de M. Cochin ; elle eſt très-
rare, n'ayant pas été miſe au jour, & la
continuation en ayant été interrompue.

475 Quatre Portraits, par J. G. Wille, dont
le Roi de Pruſſe, &c.

476 M. de Saint-Florentin, par le même.

477 Vingt-huit Sujets ; Têtes, Académies
& Principes du Deſſin, d'après différens
Maîtres ; par Demarteau, François, &c.

478 Six autres dans la maniere du crayon
ou paſtel, d'après F. Boucher, par N.
Bonnet.

479 Vingt - cinq différens Sujets hiſtoriques, dont les Batailles de Lawfeld &
de Raucoux, &c.

480 Quatre pieces, dont le Bal paré & le Bal
maſqué ; la Foire de Beaucaire, &c.

481 Quinze Plans & Cartes colés ſur toile
& ſur taffetas, dont celle de l'Inde, de
l'Amérique, de Bordeaux, des environs de Saint-Hubert, &c.

482 Treize Plans, de Paris, Nancy, Nantes, Madrid, Amſterdam, Florence,
Bologne, Milan, Malthe, &c.

483 Le grand Plan de Veniſe, accompagné des bordures, qui repréſentent les
principaux endroits de la Ville, avec explications ; celui de Rome, par Vaſi ;
& deux Vues de Rome ancienne & mo-
derne, d'après Nolli, par Piranèſe ; en
tout 33 feuilles.

484 Soixante & dix-huit Pieces ; Vues de
Palais

Palais à Saint-Petersbourg, le Dôme de Milan. Vues de S. Pierre de Rome, par Piranèfe ; le Dôme de Sienne, &c.

485   Quarante Vues de Rouen, de la Rochelle, du Baque à Breft, de la Place Louis XV, du Portail de S. Euftache, &c.

486   Soixante - douze Morceaux , par N. Dumont & P. de la Guefpiere.

487   Quarante différens Projets d'Architecture & Bâtimens , Palais , Eglifes, Places publiques , &c. par Servandoni, Collet, Boullet fils , Le Bourfier , &c.

488   Dix Cartes & Plans de Paris, Bordeaux , Nantes , Reims , &c. colés fur toile, & montées fur gorges & rouleaux, les uns bleu & or , & les autres noir.

RECUEIL

D'ESTAMPES DIVERSES;

GALERIES, Œuvres de différens Maîtres , Suites d'Architecture , &c.

489   Suite du Cabinet du Roi, en vingt-trois Volumes.

Les Eſtampes gravées d'après les Tableaux du Roi, au nombre de trente-huit Pieces, dont vingt - quatre avec explication. Ancienne édition, où la Sainte Vierge s'y trouve avant les armes de Colbert. Paris, 1679, 1 vol *in-fol.*

Les Batailles d'Alexandre, d'après Le Brun, par G. Audran & G. Edelinck. De plus, le Plafond de la Chapelle de Sceaux, en 1 vol. *in-fol.*

Médaillons antiques en quarante-une Pieces gravées par La Boiſſiere ; de plus, les Médailles Romaines gravées par Giſſart, & les Monnoies de France, par S. Le Clerc, 1 vol. *in-fol.*

Plans, Elévations, Vues des Châteaux du Louvre & des Tuileries, & ornemens qui en dépendent : par Berain, 1 vol. *in-fol.*

Plans, Elévations & Vues du Château & du grand Eſcalier de Verſailles ; Tableaux de la Voûte & la Galerie du petit Appartement du Roi, d'après Mignard, 1 vol. *in-fol.*

Grotte, Labyrinthe, Fontaines & Baſſins de Verſailles, 2 vol. *in-fol.* dont un *in-8°.*

Statues & Buſtes antiques & modernes : ces deux objets reliés en un ſeul vol. *in-fol.*

Tapisseries du Roi, & Devises, d'après Le Brun, par S. Le Clerc, 1 vol. *in-fol.*

Carrousel, Courses de Têtes & de bagues, avec Discours latin, 1 vol. *in-fol.*

Les Plaisirs de l'Isle enchantée, ou Fêtes de Versailles, 1 vol. *in-fol.*

Plans, Elévations, Vues, Coupes & Profils de l'Hôtel Royal des Invalides, 1 vol. *in-fol.*

Plans, Profils, Elévations & Vues de différentes Maisons Royales, 1 vol. *in-fol.*

Profils & Vues de quelques lieux de remarque, 1 vol. *in-fol.*

Plans & Profils, appellés communément *les Petites Conquêtes*, 1 vol. *in-fol.*

Estampes gravées d'après Vander Meulen, 3 vol. *in-fol.*

Les Campagnes de Louis XIV, d'après Beaulieu, depuis l'année 1643 jusqu'à 1697, 5 vol. reliés en 3.

Explication des Tapisseries, & la Description de l'Hôtel des Invalides, 1 vol. *in-fol.*

Cette Suite est complette & conforme au Catalogue qui y est joint : elle est reliée en veau avec filets & armes du Roi, suivant les différentes grandeurs des Estampes ; ce qui indique la bonne Edition.

SUPPLÉMENT AU CABINET DU ROI.

490 Plantes gravées par ordre du Roi, d'après le Recueil des Mignatures conſervées dans le Cabinet des Planches & des Eſtampes à la Bibliotheque de Sa Majeſté, par Robert Boiſe & Chatillon ; elles ſont accompagnées de Tables manuſcrites, 3 vol. *in-fol.* mar. rouge.

Cet Exemplaire a été donné par le le Roi à M. le Marquis de Marigny.

VOLUMES D'ESTAMPES.

491 Recueil d'Eſtampes d'après les plus célebres Tableaux de la Galerie Royale de Dreſde : Volume Ier contenant cinquante Pieces, avec une Deſcription de chaque Tableau en François & en Italien.

Exemplaire Royal. Dreſde, 1733, *in-fol. carta maxima*, relié en carton.

492 La grande Galerie de Verſailles, & les deux Salons qui l'accompagnent, peints par C. Le Brun, deſſinés par F. B. Maſſé, & gravés ſous ſes yeux par les meilleurs Maîtres du tems.

Paris, 1752, grand papier *in-fol.* maroquin bleu à dentelles.

493   Eſtampes gravées d'après les Tableaux
de la Galerie Electorale de Duſſeldorff,
accompagnées du Catalogue ou Explication des Eſtampes ci - deſſus. Baſle,
1778, 2 vol. in-fol. oblong, veau.

494   Soixante- dix neuf Pieces, compoſées
& gravées à l'eau - forte par Salvator
Roſe, dont le Supplice de Régulus & de
Policrate, la chûte des Géans, la Suite
des Soldats, &c. anciennes épreuves;
in-fol. maroq. rouge, dentelles.

495   Un volume contenant cent quarante
Eſtampes, d'après van Dyck; ſavoir,
ſoixante - ſeize Portraits d'Hommes &
Femmes illuſtres, par Vorſterman, P.
Pontius, Hollar, Suyderhoef, Lombard, &c. dont les douze Comtes &
Comteſſes : cinquante Sujets ſacrés &
profanes, d'après le même; & quatorze
autres Sujets par J. Jordaens, & d'après
lui; le tout anciennes & belles épreuves,
& relié dans un grand vol. in-fol.

496   Œuvre d'Hogarth, compoſé de ſoi-
xante-douze pieces hiſtoriques & criti-
ques, dont la Suite de la jeune Fille, &
du jeune Homme débauché ; celles du
Mariage à la mode, du bon & mauvais
Apprentif, &c. in-fol. veau écaille, d.
ſ. t.

497   Œuvre d'Hiacynthe Rigaud, compoſé

de deux cents vingt-cinq Portraits de
Princes, Seigneurs, Gens de Lettres,
Sciences & Arts, de Princeſſes & Femmes illuſtres, gravés par les Drevets,
Edelinck, Chereau, Daullé & autres
célebres Graveurs. Grand in-fol. maroquin rouge à dentelles. La plupart de ces
Portraits ſont anciennes épreuves & de
la meilleure conſervation.

498   Les Batailles des Chinois, d'après des
Deſſins très-exacts & parfaitement con-
formes au coſtume de cette Nation, en
ſeize pieces gravées par les meilleurs
Graveurs François ſous la conduite de
M. Cochin : cette Suite eſt très-rare ; gr.
in-fol. relié en veau.

499   La même Suite en feuilles, & des premieres épreuves, ainſi que celle ci-deſſus.

500   Le Sacre de Louis XV, Roi de France
& de Navarre, dans l'Egliſe de Reims,
le 25 Octobre 1722 ; in-fol. mar. rouge,
dentelles & armes.

501   Repréſentation des Fêtes données par
la Ville de Straſbourg pour la convaleſ-
cence du Roi, le 5 Octobre 1744, in-
fol. mar. rouge, dentelles & armes.

502   Relation de l'Arrivée du Roi au Havre-
de Grace, le 19 Septembre 1749, &
des Fêtes qui ſe ſont données à cette

occasion. Paris , 1753 , in-fol. mar.
rouge , dentelles & armes.

503   Fêtes publiques données par la Ville
de Paris à l'occasion des deux Mariages
de Monseigneur le Dauphin , en Février
1745 & 1747 : tous deux in-fol. mar.
rouge.

504   Description de la Place de Louis XV
construite à Reims , par le sieur Le
Gendre. Paris , 1765 , in-fol. mar.
rouge.

505   Collection d'Estampes , d'après les
Maîtres d'Italie & de France , dont les
Planches appartiennent à l'Académie
Royale de Peinture & Sculpture , contenant différents Sujets & Portraits formant cent cinquante-huit pieces, en 3
grands volumes in fol. veau fauve.

506   Recueil de divers Morceaux gravés
d'après plusieurs Tableaux des meilleurs
Maîtres des trois Écoles, par J. P. Le
Bas. Paris , 1746 , épreuves parfaites au
nombre de cent trente-deux pieces gr.
in-fol. veau doré sur tranche.

507   Vingt-sept Portraits en maniere noire
dont la Comtesse de Northumberland ,
le Général Ligonier à cheval, Garryck
entre la Comédie & la Tragédie, l'A-
miral Keppel , &c. gr. in-fol. veau
écaille.

G iv

508 Les Ruines de Palmyre , autrement dite Tedmor au défert. Londres , 1753, in-fol. veau.

509 Les Ruines des plus beaux Monuments de la Grece , par M. le Roy. Paris, 1770, 2 volumes in-fol. mar. bleu.

510 Les Ruines de Pœftum , autrement Pofidonia, par M. Dumont. Paris, 1769, petit in-fol. veau.

511 *Vitruvius Britannicus*, ou l'Architecte Britannique, contenant les Plans, Élévations & Sections des Bâtiments réguliers , tant particuliers que publics, de la Grande-Bretagne ; par le fieur Campdel. 3 vol. in-fol. veau fauve. Le dernier porte la date de 1731.

512 Cinq volumes contenant dix-fept cents quarante-fix pieces , Architecture , Ornements , Trophées , Vafes, différens, Sujets , &c. par J. & A. Le Pautre ; in-fol. veau.

513 Architecture de J. Marot, avec une Table manufcrite ; in-4°. veau.

514 Recueil Élémentaire d'Architecture compofé par le fieur de Neufforge, Architecte & Graveur. Paris , 1757, 8 parties en 6 vol. in-fol. veau.

515 Les Œuvres d'Architecture de Pierre

Contant d'Ivry, Architecte du Roi. Paris, 1769, in-fol. veau écaille.

516   Colonna Trajana eretta del Senato e Popolo Romano all' Imperatore Trajano Augusto, nel suo foro in Roma disegnata ed intagliata da Pietro Santi Bartoli. In Roma, in-fol. oblong, parchemin.

517   Musæum Capitolinum Augustorum & Augustarum, Philosophorum, Poëtarum, Oratorum, Virorumque illustrium hermas continens. Romæ, 1750, 2 vol. in-folio. parchemin.

518   Illustri Fatti Farnesiani, coloriti nel Real Palazzo di Caprarola dai Fratelli Taddeo-Federico ed Ottaviano Zuccari, disegnati e col aqua-forti incisi in Rame da Giorgio-Gasparo de Prenner. In Roma, 1748, in-fol. mar. rouge.

519   La Suite des Vues de Venise, par Marieschi; in-fol. broché en carton.

520   Scelta di xxiv Vedute delle principali Contrade, Piazze, Chieze e Palazzi della Città di Firenze; in fol. veau fauve; & dans le même volume une Suite intitulée: Vedute della Villa ed altre Luoghj della Toscana. La Suite des grandes Vues de Florence indiquées ci-dessus; in-fol. veau fauve.

521   Description du Champ de Mars, par

Piranese. Rome , 1762 , avec explication italienne ; in fol. veau marbré ; &
dans le même volume, Description du
Lac Albano , par le même , accompagné
aussi d'explications italiennes.

47 - 19   522   Della Magnificenza d'Architettura de'
Romani, par le même , &c. avec ex-
plication italienne ; in - fol. broché en
carton.

12 - 5   523   Carceri d'inventione di Giam-Battista
Piranesi ; in-fol. carton.

524   Vedute di Roma Sul.Tevere, disegnate
ed incise da Guiseppe Vasi. Le Fontane
di Roma , disegnate ed intagliate da
Gio-Battista Falda.

48

525   Vedute delle Fabriche , Piazze e Stra-
de fatte fare nuovamente in Roma , &c.
intagliate da Gio-Battista Falda ; 2 vol.
in-fol. veau oblong.

12 - 12   526   Palazzi di Roma , disegnati da Pietro
Ferrerio , Pittore & Architetto; in-fol.
veau.

19 - ..   527   Varie Vedute di Roma antica & mo-
derna , disegnate ed intagliate da celebri Autori. In Roma , 1748, petit in-
fol. veau oblong.

7 - 4   528   Raccolta d' alcune Facciate di Palazzi
e Cortili più riguardevoli di Bologna.
In Bologna , in-fol. carton.

Élévations, Coupes & Profils entiers
de la Bafilique de Saint-Pierre du Vatican à Rome. Paris, 1763, in-fol. veau.

529   Studio d'Architettura Civile, opera de'
più celebri Architetti di noftri tempi ,
publicata da Domenico de Roffi, la par-
te prima, 1702; la feconda, 1711; la
terza, 1721.
   In-fol. relié en carton.

530   Le même Ouvrage, publié à Florence;
la premiere partie en 1722, la feconde
en 1724, la troifieme en 1728. In-fol.
veau.

531   Raccolta di Vafi diverfi formati da il-
luftri Artefici antichi e di varie targhe
da celebri Architetti moderni. In Roma, 1713, in-fol. veau oblong : & dans
le même volume, la Suite des Jardins
de Rome, par Falda, en vingt-une pieces.

532   Dichiarazione dei Difegni del Reale
Palazzo di Caferta. In Napoli, 1756,
avec difcours italien; in fol. veau.

533   Un fecond exemplaire du même Ouvrage , auffi relié en veau.

533 *bis* Narrazione delle Solenni Reali Fefte
fatte celebrare in Napoli da fua Maeftà
il Re delle Due Sicilie Carlo Infante
di Spagna, per la Nafcita del fuo Pri-
mogenito Filippo Real Principe delle
due Sicilie. In Napoli , 1749, in-fol.
veau.

534 Descrizione delle Feste celebrate in Parma, per le Nozze del Reale Infante Duca Ferdinando di Borbone, con S. A. R. l'Arciduchessa d'Austria Maria-Amelia, l'anno 1769. In Parma, in-fol. veau.

535 Recueil de Têtes de caractere & de charges, dessinées par L. de Vinci, & gravées par M. le Comte de Caylus ; 1730 , in-4°. broché en carton.

536 Recueil d'Estampes gravées à l'eau-forte par M. le Comte de Caylus, d'après les Dessins des plus grands Maîtres qui font au Cabinet du Roi ; in-fol. veau.

537 Recueil d'Esquisses d'Architecture, représentant plusieurs Monuments de composition dont plusieurs font construits par le sieur La Guêpiere. Stuttgardt, in-fol. mar. rouge.

538 Fragments choisis dans les Peintures & les Tableaux les plus intéressants des Palais & des Eglises de l'Italie ; premiere & seconde Suites, Rome ; troisieme Suite, Bologne, gravées dans la maniere du lavis par M. l'Abbé de Saint-Non ; in-4°.

539 Suite de soixante-douze Estampes gravées par Madame la Marquise de Pompadour, d'après les Pierres gravées de Guay, Graveur du Roi, &c. elle est

accompagnée d'une explication manufcrite ; petit in-fol. veau.

540   La Suite des Figures Iconologiques
compofées & gravées par Huquier ; petit
in-fol. oblong ; broché en carton.

541   Le Paftel en Gravure , inventé &
exécuté par Louis Bonnet en 1769,
compofé de huit épreuves qui indiquent
les différentes gradations qu'il a em-
ployées pour parvenir à la perfection
de la Planche , avec une explication
manufcrite pour chaque figure ; in-fol.
maroquin rouge.

542   Éléments d'Orfévrerie , compofés par
P. Germain. Paris, 1748 , 2 parties en
un vol. in-4°. veau.

543   Suite de Vafes, compofée dans le goût
de l'antique , deffinée par J. M. Vien ,
& gravée par M. T. Riboul fa femme.
Paris , 1760, in-4°. veau fauve.

544   Collection de Vafes inventés & deffi-
nés par M. de Fontanieu , Intendant &
Contrôleur Général des Meubles de la
Couronne. 1770 , in-fol. veau , doré
fur tranche.

545   Recueil de différents Projets d'Architecture , de Charpente & autres , concernant la Conftruction des Ponts , par
feu M. Pitron , Infpecteur Général des
Ponts & Chauffées de France. Paris,
1756 , in-fol. veau écaille.

546 Différentes Évolutions de Cavalerie, en trente-deux Planches, d'après les Deſſins de Blaremberg, par différents Graveurs; in-fol. veau.

547 Exercice de l'Infanterie Françoiſe; Ordonnance du Roi du 6 Mai 1755, par M. Beaudouin, Colonel d'Infanterie. Paris, 1757, in-fol. mar. rouge.

548 Le Jardin du Roi Louis XIII, ou Recueil de Fleurs, par P. Vallet; in-fol. veau.

549 Monument élevé à la gloire de Pierre le Grand, ou Relation des Travaux & des Moyens mécaniques qui ont été employés pour tranſporter à Péterſbourg un rocher de trois millions peſant deſtiné à ſervir de baſe à la ſtatue équeſtre de cet Empereur. Paris, 1777, in-fol.

550 Plan, coupe & élévation de l'Égliſe Royale & Paroiſſiale de Saint Germain-en-Laye, par Potain; in-fol. mar. rouge.

551 Plans, coupes & élévations de l'Égliſe Royale de Frédéric V, par N. Jardin; 1769, in-fol. veau.

552 Deſcription des trois formes du Port de Breſt, bâties, deſſinées & gravées en 1707, par M. Chaquet. Breſt, 1757, in fol. veau.

553 Nouvelle Méthode d'encaiſſement, par M. Tardif; 1757, in-fol. broché.

Détails d'un Télescope Royal ; in-fol. broché.

554   L'État présent de la Chine, en figures enluminées. Paris, 1697, in-fol. maroquin rouge.   17   ..

555   Rovine invenzione di Giovan Lorenzo le Geay, Architet, intagliate da lui stesso. In Lucca, 1768, in-fol. carton.   8   19

556   Fragments d'Architecture, & Dessins des Croisées qui décorent les Façades du Louvre, par F. Blondel ; in fol. mar. rouge.   7   19

556 *bis* Médailles du Regne de Louis XV, publiées par Fleurimont ; petit in-fol. veau.   4   12

557   Les glorieuses campagnes de Louis XV, par M. Gosmond. Paris, 1744, in-4. veau.   8   ..

558   Recueil de Statues antiques Grecques & Romaines, publié par M. Adam, Sculpteur du Roi. Paris, 1754, in-4. maroq. rouge.   12   11

559   Un pareil exemplaire du même Ouvrage.   12   19

560   Deux cents quatre-vingt dix Estampes à l'eau-forte, par Et. la Belle ; édition du sieur Fagnani : in-fol. veau.   39   19

561   Six cents quinze Estampes, par J. Callot, publiées par le même ; 2 vol. in-fol. maroq. rouge.   77   19

562   Un Recueil contenant quatre cents   30   ..

quatre-vingt-dix Sujets, Portraits & Vignettes gravés par J. Mariette ; in-fol. veau.

563 Seize Payfages, compofés & gravés par Chedel ; in-4°. broché en carton.

564 Impoftures innocentes, par Bernard Picart. Amfterdam, 1734, in-fol. veau fauve.

565 Recueil de Portraits de Perfonnes illuftres de l'un & de l'autre fexe, recueillis & gravés par les foins du fieur Odievre ; 6 vol. grand in-4°.

566 Trente-quatre Portraits de Peintres & Sculpteurs de l'Académie Royale, par les meilleurs Graveurs François ; in-fol. veau, aux armes du Roi.

567 Jardins François Anglo-Chinois, par Le Rouge, quatre premieres parties ; volumes in-fol. veau, oblongs.

PLANCHES GRAVÉES.

568 Une Suite de foixante-trois Planches, par Madame la Marquife de Pompadour, d'après différentes Pierres gravées par M. Guay, fur les Deffins de MM. Boucher, Vien & autres ; on y a joint un exemplaire dudit Ouvrage, relié en un volume en maroquin rouge.

569 Trois autres, d'après les Deffins de F. Boucher, repréfentant des Enfants.

570

570 Les nouveaux Principes de l'Art d'é-
crire, par le sieur Royllet. Paris, 1731,
in-fol. veau écaille.

571 Une Presse d'Imprimerie en taille-
douce, garnie de ses rouleaux, table &
autres ustensiles, en bois de chêne &
noyer; elle est toute neuve & très-bien
faite.

MEUBLES PRÉCIEUX.

572 Un magnifique Lustre de cristal de
roche, d'un très-beau choix pour la
netteté & la blancheur, monté en cuivre doré d'or mat, à huit branches.
Hauteur 6 pieds, diametre 3 pieds 6
pouces.

573 Deux Girandoles aussi de cristal de
roche montées en bronze doré, à quatre branches chacune. Hauteur 2 pieds
5 pouces, diametre 1 pied 6 pouces.

574 Une Paire de flambeaux, supérieurement exécutés, & dorés d'or mat: le
corps représente un homme & une
femme portant chacun un enfant sur
leurs épaules. Hauteur 16 pouces.

83 — 10 575   Une autre paire de Flambeaux, composée de figures d'hommes à genoux portant les bobeches. Hauteur 6 pouces. Ils
sont dorés d'or moulu.

430 — „ 576   Une autre paire, dont le corps est en
bronze, & représente, l'un, une femme
montée sur un dauphin ; l'autre, un
Satyre & un tigre ; les pieds & les
bobeches sont en cuivre doré. Hauteur
14 pouces.

820 — „ 577   Un Feu, chaque partie composée de
deux Enfants sur une frise d'ornemens,
& tenant chacun un brandon d'où sort
une flamme ; sur pieds canelés de
bronze doré : les Enfants en couleur
de bronze avec tenaille, pelle, pincette
& mains aussi de bronze doré.

1028 — „ 578   Un Feu, chaque partie composée d'un
lion sur socle avec trophées & autres
ornements en bronze doré, tenaille,
pelle, pincette & mains.

551 — „ 579   Autre Feu, chaque partie composée d'un
enfant sur un ornement à rosette, avec
vases à flammes & autres ornements de
bronze doré, tenaille, pelle, pincette
& mains.

580   Un Secrétaire en marqueterie, bois &
ivoire, avec entrées de ferrures, mains
& balustrade en argent ; il a été fait aux

*Retiré Étant
Réclamé par
Mr Bertin*

Indes, & porte environ 3 pieds & demi de haut.

581 Une Armoire en marqueterie, bois & ivoire, avec nombre de tiroirs, les entrées de ferrures font en argent : il a aussi été fait aux Indes . & porte environ cinq pieds de haut.

Ces deux Meubles font très-précieux, & méritent l'attention des Amateurs.

582 Une Commode chantournée, à paneaux de laque, fond noir & or, fujets de Châteaux & Payfages, ornée d'une tête de lion au milieu, & fur les coins, de têtes de Satyres, frifes, guirlandes & pieds à griffes de Lions ; le tout en bronze doré, avec un deffus de marbre de griotte d'Italie. Hauteur 2 pieds 11 pouces. Longueur 5 pieds 3 pouces 6 lignes. Profondeur 2 pieds.

583 Une Commode en marqueterie, par Boule, à deux tiroirs : elle eft ornée, fur le devant, d'un mafcaron à tête de Satyre, carderons, rinceaux à feuilles d'ornements, moulures, entrées & mains, le tout en bronze doré avec deffus de marbre de Flandre. Haut. 2 pieds 9 pouces. Longueur 4 pieds 4 pouc. Profondeur 2 pieds

584 Une Commode en forme de tombeau, à deux tiroirs en marqueterie premiere

partie, à pieds à avant corps & jambes, ornée aux quatre coins de têtes de femmes aîlées, moulures, carderons & rinceaux d'ornements, pieds à griffes de lion , &c. Elle eſt couverte d'un marbre quarré à gorge de griotte d'Italie. Hauteur 2 pieds 9 pouces. Longueur 4 pieds. Profondeur 1 pied 11 pouc.

1102   585   Un bas d'Armoire de marqueterie en contre-partie, à trois panneaux, dont deux à glaces ; le milieu eſt orné d'une figure & trophée ſur piedeſtal, demi-relief en moſaïque , orné d'éguieres, moulures, roſettes & calottes en bronze doré , avec deſſus à avant-corps de marbre pareil au précédent. Hauteur 2 pieds 11 pouces. Longueur 4 pieds 8 pouces 6 lignes. Profondeur 16 pouces.

700   586   Un Cabinet de marqueterie, premiere partie, ouvrant à un battant, & huit tiroirs ſur les côtés, avec un vaſe en forme de lyre dans le panneau du milieu, orné du médaillon de Louis XIV, avec guirlandes de fleurs, petits maſcarons, pieds à griffes , maſcarons à têtes de femmes, ſur ſocle à avant-corps en bois d'chene , draperies en forme de guirlandes, & deſſus de marbre pareil aux précédents. Hauteur 2 pieds 11 pouces. Longueur 2 pieds 4 pouc. 6 lig. Profondeur 18 pouc.

587 Deux coins en marqueterie, en contre-partie, ouvrant à un battant, orné de chapiteaux, mascarons, moulures, rosettes & carderons en bronze doré, avec dessus de marbre pareils: Hauteur 2 pieds 9 pouces. Largeur 1 pied 11 pouces 6 lig. Profondeur 15 pouc.

PORCELAINES DIVERSES

DE CHINE, DU JAPON,

DE FRANCE, &c. &c.

588 Deux Vases, forme d'Eguieres, de porcelaine d'ancien la Chine en bleu céleste, portant chacun 13 pouces de haut, comprise la garniture de bronze doré.

589 Deux autres idem, forme de cassolettes, accompagnés chacun de deux petits perroquets & de fleurs de même porcelaine; ils portent 10 pouces de haut, avec la garniture de bronze doré.

590 Une garniture de cheminée de cinq beaux vases, couleur de lapis, à dessins tracés en or, dont trois urnes avec lions sur le couvercle, & deux cornets d'environ 20 pouces de haut, aussi de la Chine.

H iij

591 Quatre grands rouleaux idem, couleur de lapis ; Cartouches à modeles & Eventails à deſſin fond bleu, garnis de bords & pieds, à gaudron en bronze doré de deux pieds & demi de haut.

592 Deux Rouleaux de Porcelaine de la Chine, couleur de lapis, avec Cartouches, Oiſeaux & Feuillages, de 16 pou. de haut.

593 Deux Cornets de même Porcelaine colorée, à huit pans, à Cartouches, Feuillages & Oiſeaux, de 16 pouces.

594 Deux Vaſes en forme de liſbets à pance ronde, auſſi de la Chine, tracés à petits deſſins, ſur pieds d'ancien goût en bronze doré, de 18 pouces de haut.

595 Deux grand rouleaux d'ancienne Porcelaine de la Chine, avec bandeau en Moſaïque à modeles & grandes pagodes, garnis de calottes, & pieds à conſoles d'ancien goût en bronze doré, de 3 pieds de haut.

596 Deux très grandes Urnes de nouveau la Chine, de 4 pieds de haut, avec Lion grouppé ſur le couvercle, fond bleu à deſſin tracé en or ; Panneaux & Cartouches à pagodes, poſés ſur des fûts de colonnes cannelées, en bois d'Acajou.

597 Deux très grands Pots à oille de même genre, de 22 pouc. de diamètre, avec maſcarons & anſes.

598 Deux Bouteilles de Porcelaine de même genre à doublets, fond verd gauffré, à panneaux découpés à jour, & anses à dragons prises de relief, de 12 pouces de haut.

599 Quatre autres idem à lézards pris de relief dans la Porcelaine, de 15 pouc. de haut.

600 Quatre Vautours de Porcelaine de la Chine, fond brun, dont trois montés sur des pieds tournés en bois doré, 21 pouc. de haut.

601 Deux Cigognes en Porcelaine de la Chine, colorée, de 19 pouc. de haut, mêmes pieds que les précédens.

602 Une grande Jatte de Porcelaine de la Chine, fond bleu, à dessin en or, de 13 pouc. de diamètre, sur son plat de 20 pouc. tracés de même sorte.

603 Deux Jattes de Porcelaine de nouveau la Chine, colorée, de 11 pouces de diamètre.

604 Un Plat creux de même sorte & diamètre.

605 Deux Lions de 13 pouc. de haut, y compris leurs pieds, en Porcelaine de la Chine.

606 Trois Urnes de 15 pouc. de haut, fond brun à dessins de pagodes tracés en or.

H iv

48 - 3 607 Quatre Bouteilles à longs gouleaux de même genre, & deux Cornets idem.

276 - „ 608 Trois fortes Urnes d'ancien Japon à sujets d'Animaux & touffes de feuillage, avec pagodes au-dessus prises de relief, de 3 pieds de haut.

97 - „ 609 Une autre grande Urne à huit pans, aussi du Japon, à pagodes; Cartouches & Châteaux, avec coq sur le couvercle, de même grandeur que les précédentes, montée sur un pied rond cannelé en bronze doré.

1130 - „ 610 Deux autres grandes Urnes superbes, aussi d'ancien Japon, en forme de lisbets, fond bleu couleur de lapis, à dessins tracés en or; Cartouches fond blanc à sujets de pagodes, & Châteaux ornés de gorges à consoles & guirlandes, montées sur de riches pieds à avant-corps en bronze doré, de 3 pieds de haut.

81 - 2 611 Deux Cornets de Porcelaine colorée du Japon à dessin à bouquets, & Modeles garnis de gorges & riches pieds à feuilles d'eau en bronze doré, de 18 pouc. de haut.

189 - 10 612 Deux autres Cornets, aussi du Japon, à modeles, cartouches & pagodes, posés sur des pieds quarrés & cannelés, en bronze doré, de 2 pieds & demi de haut.

140 - „ 613 Une petite Urne d'ancien Japon, forme de lisbet, de 2 pieds de haut.

couleur de lapis à deſſins tracés en or, cartouches fond blanc à ſujets de pagodes & châteaux, garnie de gorge à conſoles, couvercle & pied à tord de laurier en bronze doré.

614 Deux Cornets de porcelaine de nouveau Japon ; ils ſont un peu mutilés.

615 Quatre Rouleaux à pagodes idem, dont un endommagé.

616 Deux Cornets de porcelaine du Japon à ſujets de châteaux, animaux & feuillages, de deux pieds de haut.

617 Quatre autres Cornets pareils, de 16 pouc. de haut.

618 Deux Aigles de porcelaine coloriée du Japon, montés ſur de riches pieds à guirlandes & griffes de Lions, en bronze doré de deux pieds de haut.

619 Trois grands Plats à cartouches, deſſins, oiſeaux & roſettes, de 22 pouc. de diamètre ; de même ſorte.

620 Deux autres de même ſorte, de 15 pouc. de diamètre.

621 Quatre moyens Plats de même ſorte, à cartouches & modelés, de 13 pouc. de diamètre.

270   622   Un Sceau de porcelaine de Seve, fond bleu à cartouches & fleurs, avec guirlandes en or demi relief, de 13 pouc. de diamètre dessous sa jatte, de même espece, de 9 pouces.

66 — 9   623   Cinq petits Sceaux à raffraichir en pareille porcelaine, de différentes formes & grandeurs.

66 — „   624   Deux Vases couverts formant pots pourris à fleurs naturelles de 9 pouces de haut, aussi de porcelaine de Seve.

18 — „   625   Un autre Vase plus petit avec anses de relief prises dans la porcelaine.

279 — 19   625 *bis.* Un Vase en forme de navire, de même porcelaine de Seve, à cartouches fond bleu & fleurs naturelles, de 17 pouces de haut sur 14 de long.

122 — „   626   Un petit Broc dans sa jatte de même porcelaine, avec dessin en mosaïque & bouquets de fleurs.

55 — „   627   Un autre idem tracé en petit dessin bleu, en guirlandes.

36 — „   628   Une Ecuelle couverte sur son plateau, avec sujets d'enfans en camayeux rouge.

30 — 2   629   Une autre Ecuelle, aussi sur son plateau festoné, de même porcelaine de Seve, tracée à petits dessins bleu sur fond blanc.

630 Un petit Déjeûner de même genre, lequel est composé d'une théiere, d'un sucrier, d'une tasse avec sa soucoupe, & d'un pot à lait, sur un plateau festoné.

631 Un autre Déjeûner composé d'une théiere, d'un sucrier couvert; d'une tasse à deux anses, d'une autre tasse sans couvercle, toutes deux avec leurs soucoupes, sur un plateau à bord festoné; le tout tracé en mosaïque & petit dessin à fleurs naturelles.

632 Un autre Déjeûner en porcelaine blanche avec bords surdorés, contenant six pieces sur un plateau pareil & festoné; savoir, une théiere garnie en or, ainsi que la boîte à thé en vermeil; deux tasses, un pot à lait & un sucrier.

633 Une petite tasse en mosaïque fond lilas avec cartouches, sujets d'enfans & paysages, sur son plateau quarré de même porcelaine.

634 Un Pot à lait couvert avec anse en porcelaine blanche à petit dessin bleu en fleurs, avec les bords surdorés.

635 Un petit Pot à lait à bec, dans sa jatte, de 6 pouc. de diamètre, à petit dessin d'animaux, paysage & fleurs, avec bords surdorés.

636 Trois Tasses couvertes avec leurs soucoupes de différens dessins.

637 Une Théiere à petit deſſin demi relief, en figures, garnie d'un bec d'or avec une chaîne.

638 Cinq pieces, une Théiere, un Pot à lait, un Sucrier, une Boîte à thé, dont le bouchon eſt garni en vermeil, & un pot à oignons en porcelaine blanche à fleurs & oiſeaux.

639 Un Vaſe de la Manufacture de Seve, & un Pot à lait couvert, d'une autre eſpece.

640 Un Sucrier couvert à cartouches demi relief avec grouppes de figures.

641 Une jolie Boîte à thé, dont le bouchon eſt garni en vermeil, avec guirlandes de fleurs, oiſeaux & payſage.

642 Deux petites Taſſes ſans anſes ſur leurs ſoucoupes, & un Pot à lait à anſe ſur ſa ſoucoupe ; & de plus, ſix autres Taſſes de même porcelaine à fleurs, avec anſes & ſoucoupes : les neuf pieces ci-deſſus avec bords ſurdorés.

643 Un petit Pot à ſucre couvert, ſur ſa ſoucoupe, à guirlandes & fleurs en moſaïque ; & une petite Taſſe de même genre & anſe, ſans ſoucoupe.

644 Deux Taſſes en forme de ſceau, avec leurs ſoucoupes à petit deſſin demi relief.

646 Deux Tasses avec leurs soucoupes,
une Théiere & un Sucrier en porcelaine
de Seve , fond or à dessins de fleurs
coloriées.

647 Le Buste de Louis XV en biscuit , —
d'un pied de haut.

648 Douze grouppes de petites figures de
même genre. ————————

649 Deux Médaillons d'Henri IV & Sully
idem , dans des bordures de bois de
poirier.

650 L'Autel de l'Amitié, aussi en biscuit
de Seve, auprès duquel est une jeune
fille debout tenant de la main droite
deux cœurs. Hauteur 11 pouces ,
compris le socle quarré en porcelaine.

651 Une Nymphe de Diane assise tenant
un arc de la main droite, de même
grandeur & pied pareil au précédent,
couverte d'un bocal de verre.

652 Une Femme debout sortant du bain ;
elle tient de la main droite une draperie, aussi en biscuit de Seve , de 13
pouces de haut , non compris son socle
pareil aux précédens.

653 L'Amour assis sur un nuage, portant
le doigt sur sa bouche pour imposer le
silence, exécuté de même grandeur que
le numéro 206 de Falconet, en por-

celaine de Seve, posé sur un pied de porcelaine cannelé, peint en verd & or, dessous un bocal de verre

36 — .. 654 Deux petits Réchauds de porcelaine à odeurs, garnis d'argent, avec des manches noirs.

31 — 6 655 Cinq Plateaux, deux Pots-pourris, trois Carafes à mettre des fleurs.
656 Neuf petits Pots couverts, propres à mettre, crême, &c.

6 — 2 657 Une Ecuelle avec son plateau.

43 — 7 658 Sept Jattes, six brocs, dont un à fleurs, les autres blancs.

1 . — 14 659 Deux Théieres, quatre Pots à lait.

17 — 10 660 Douze Tasses, avec leurs soucoupes, de différentes grandeurs.

39 — 1 661 Deux grandes Théïeres à panneaux découpés à jour, en terre d'Angleterre.

12 — 12 662 Deux Tasses couvertes avec leurs soucoupes, un Gobelet aussi avec sa soucoupe.

LAQUE.

800 — .. 663 Deux Urnes d'ancien laque, fond noir, mosaïque en or, avec couvercles à pans & facettes de 13 pouces de haut sur 8 de large; elles viennent du Cabinet de M. de Boisset.

664 Une Boëte à thé, en nouveau laque, 24
de 9 pouces sur 5 de large.

BIJOUX PRÉCIEUX

DE DIFFÉRENTES ESPECES,

BAGUES, PIERRES GRAVÉES, &c. &c.

665 Un Nécessaire en argent contenu dans 1164 4
deux coffres longs très propres, entourés de cercles de cuivre, garnis en dedans de taffetas bleu, avec tous les compartimens nécessaires pour y placer les
pieces ci-après énoncées, un plat à
barbe, un pot à l'eau, une caffetiere,
trois gobelets, dont un couvert, avec
manche d'ébene; deux boîtes à savon-
nette, deux pots à pattes, un couteau,
une veilleuse, un entonnoir, une son-
nette, un bougeoir, une boîte à thé,
deux cuillers & deux fourchettes; en
tout vingt pieces.

666 Un Réchaud à l'esprit-de-vin, de 7 *Voyez N.° 670*
pouces de diametre avec la bouillotte,
d'un très joli modele, le tout en vermeil;
ce morceau est un bijou précieux.

667 Une petite Boîte à thé, de 4 pouces *Voyez N.° 670*
de haut, aussi en vermeil.

668 Deux petites Cuillers à thé, aussi en vermeil.

669 Deux Flacons de toilette, en crystal, avec leurs bouchons en vermeil.

670 Une petite Boîte, percée de trous, à infusion de thé, aussi en vermeil, d'un pouce & demi de haut.

671 Une grande Bouillotte, de 7 pouces de diametre, en argent.

672 Une Théïere, deux Boîtes à thé & à sucre, une petite Eguiere, une Pincette à sucre, trois Cuillers & un Filet à passer le thé ; le tout en argent.

673 Un Sucrier, en forme de vase, à jour, avec anse d'argent.

674 Une petite Boîte ronde de 2 pouces de diametre, sur 2 pouces & demi de haut, en filigrane d'argent, & une Pincette à sucre de même.

675 Un petit Réchaud à l'esprit-de-vin, de 3 pouces de diametre, aussi en argent.

676 Un autre petit Réchaud idem, en argent.

677 Un Éteignoir à ressort en argent.

678 Un Encrier & Poudrier en argent, sur un plateau de nouveau laque.

679 Quatre Ecritoires de 7 pouces sur 5 de large ; elles sont garnies de leurs cornets

nets & poudriers de cryſtal couverts en argent d'Angleterre.

680   Un Encrier & une Poudriere en argent renfermés dans un coffre en ſatin & paille, ſervant d'écritoire.

---

681   Une Cornaline, d'un pouce en ovale, ſur laquelle eſt adaptée le médaillon de Louis XV en agate, dans une bordure en or.

682   Une autre Cornaline gravée en creux, repréſentant deux Têtes intéreſſantes.

683   Le Portrait de Louis XV, Agate onix camée, entourée de roſes & de deux brillans ſur les corps.

684   Autre Portrait de Louis XV, auſſi d'agate onix camée, par M. Guay. Il eſt entouré de roſes.

685   Tête de Negre, Agate onix camée.

686   Autre Tête de Negre, auſſi agate onix camée.

687   Une Tête d'Enfant, cornaline camée.

688   Un Portrait de Femme vue de profil, Cornaline onix camée; elle eſt entourée de brillans.

689   Apollon couronnant le Génie de la Peinture & de la Sculpture; cornaline d'ancienne roche, gravée en creux par M. Guay. Elle eſt montée en or, avec entourage de roſes, & eſt indiquée au

I

volume des Eſtampes gravées par Madame de Pompadour, N.° 568.

80 — .. 690 Jupiter Olympien ; Sardoine antique, de forme octogone, montée en or.

160 — .. 691 Perſée portant la tête de Méduſe ; Cornaline onix, montée en or.

259 692 Cupidon & Pſiché ; Sardoine, gravée en creux.

351 .. 693 Une Agate arboriſée d'Orient; elle eſt très-nette, bien développée, & entourée de roſes & de brillans.

431 .. 694 Une autre Cornaline d'ancienne roche de 18 lignes en ovale, ſur laquelle eſt adaptée un buſte de jeune Fille d'un agréable profil en agate, dans une bordure de bronze doré.

31 — .. 695 La même Tête en biſcuit de même grandeur, ſur un verre de compoſition couleur de lapis, dans une bordure de bronze doré.

75 . 1y 696 Un morceau de cryſtal de roche renfermant des aiguilles de Schori formant étoile, monté en or, & accompagné de deux brillans jaunes.

800 .. 697 Une Turquoiſe d'ancienne roche, avec double entourage de roſes de Hollande.

90 .. 698 Une Malachite à cercles, onix, formant l'œil ; elle eſt montée en or.

699 Une Gerbe en cheveux sur fond de nacre, & un anneau d'or.

700 Une Bague en or, avec Pierre blanche arborisée.

701 Une autre Bague en or, avec la Vue du Château de Ménard, à la plume.

702 Une petite Boîte contenant des Empreintes en soufre de diverses pierres gravées.

703 Un petit Calendrier, en forme de bracelet, avec cercles & anneau d'or.

704 Un petit Flacon de poche en aventurine, avec bouchon, gorge & chaîne d'or.

705 Un Canif, dont le manche est une main en ivoire tenant un poinçon. Il est garni en argent.

TABATIERES.

706 Une Boîte quarrée en laque, doublée d'or, avec une précieuse Mignature représentant Vénus & l'Amour, par la Rosalba.

707 Autre Boîte d'or quarrée à huit compartimens en émail, représentant différens Sujets d'Enfans dans des Paysages.

708 Autre Boîte quarrée en or, avec deux Sujets en mignature, dont l'un repré-

sente une jolie Femme à sa toilette; elle reçoit une lettre.

709 Autre Boîte d'or quarrée, avec deux Mignatures par Klingstel; elles représentent un jeune homme qui tient un verre, & paroît demander à boire à une jeune & jolie fille; l'autre, un homme assis, & qui caresse une belle femme.

710 Une Boîte quarrée en Burgot, doublée d'or; elle est enrichie du médaillon de Louis XV sur un faisceau d'armes, & sur piedestal de lapis; les côtés & le dessous représentent différentes fortifications & instrumens de guerre.

711 Une Boîte d'or à six compartimens, de forme ovale, ornée de six Sujets de Fable en mignature, & renfermant le portrait de Monseigneur le Dauphin Pere de Louis XVI. La Boîte faite par Roucel, & les Mignatures par Beaudouin.

712 Autre Boîte d'or, de forme ovale, aussi à six compartimens, qui renferment autant de Vues du Château de Ménard; elles sont peintes à gouache par M. Pélignon.

713 Autre Boîte d'or, quarrée, à huit compartimens, ornés de Mignatures représentant des Marines & Paysages, enrichis de beaucoup de figures, par Blaremberg.

714 Autre Boîte d'or, quarrée, ornée de huit compartimens en émail, repréfen-tant les différens Génies des Arts fous des figures d'enfans.

INSTRUMENS DE PHYSIQUE,

MÉCANIQUE,

ET AUTRES OBJETS DIVERS.

715 Deux grands Globes célefte & ter-reftre, de 3 pieds & demi de diametre, ornés de cercles & pivots en cuivre, montés fur des pieds de bois d'acajou à colonnes.

716 Deux anciens pieds de bois doré, qui portoient précédemment les Globes ci-deffus.

717 Quatre Spheres & Globes de 20 pou-ces de haut, en carton, fur leurs pieds de bois noirci.

718 Un Télefcope en cuivre & chagrin noir, dans fa boîte de bois, de 18 pouces de long.

719 Un autre Télefcope en cuivre de 2 pieds, dans fa boîte.

720 Une Boîte quarrée d'environ 10 pou-ces, en bois de rapport & à comparti-mens, contenant divers Outils de Ma-

thématique en argent, Porte-crayon, Compas, Regle, Equiere, &c. & def-fous un Affortiment de couleurs pour la détrempe & quelques Pinceaux ; cette Boîte ferme à clef & avec fecret.

721 Un Microfcope avec fes dépendances, en cuivre, d'un pied de haut, fur fon pied quarré de bois noirci.

722 Un Cylindre avec douze différentes figures en carton.

723 Un Optique en boîte avec fes verres, & beaucoup de Vues enluminées.

724 Une Lanterne magique, avec fa boîte, garnie de douze verres, fur lefquels font repréfentés divers Sujets amufans.

725 Une Lunette d'approche de trois pieds de long, par Paffement, dans un étui de velours cramoifi.

726 Une Chambre noire, munie des uf-
727 tenfiles néceffaires, dans fa boîte de noyer, & montée fur une table à quatre pieds de 26 pouces fur 20 de large.

727 Une Prifme de verre dans fon étui, & une petite Bouffole.

728 Un Niveau en cuivre.

729 Un Miroir concave, de 32 pouces de diamètre, fur fon pied garni de bronze doré.

730 Une Machine Pneumatique en cuivre,

avec les pieces propres à faire les expé-
riences sur le son, le feu & la lumiere,
dans le vuide, & toutes ses dépendances
en verres, &c.

731   Un Fourneau de lampe en cuivre,
avec les cornues, matras, cucurbites,
chapiteaux & réfrigérans.

732   Un Quart-de-cercle horizontal & ver-
tical, par M. de Cassini, supérieurement
exécuté en cuivre de 12 pouces de proportion, dans son étui en bois, & doublé d'étoffe.

733   Un Odometre propre à placer dans
une voiture, pour en mesurer la marche ; il est en cuivre, & enfermé dans
sa boîte, avec un verre.

734   Un Barometre & un Thermometre,
chacun dans leurs bordures de bois
doré & en couleur.

735   Autre Barometre, dans sa bordure de
bois doré.

736   Une Romaine ou grand Pezon, en
fer poli, monté sur son chassis en bois
de chêne, de 6 pieds de haut.

737   Une petite Paire de Balances, & des
Poids, propres à peser l'or & l'argent
monnoyé, dans une Boîte de noyer.

738   Une Toise de ruban de peau, enfer-
mée dans une Boîte ronde de 4 pouc.
de diametre, & un double pied en buis.

739 Une Aulne de Paris, en bois d'ébene, garnie d'argent par les extrémités.

740 Les Polyédres & corps folides de la Géométrie ; comme, tetraëdre, octaëdre, exaëdre, cube, &c. en plus de 50 pieces, compris les parties d'une voûte plate ; le tout très-bien exécuté en bois de poirier.

741 Un Modele de Mouton pour frapper des pieux, avec fa tenaille, de 30 pouc. de haut.

742 Autre Modele de Mouton Anglois à tenaille & decris.

743 Un autre de Pompes foulantes & afpirantes mues par une roue à eau.

744 Autre Modele de Pompe foulante & afpirante, qui peut être conduite par deux hommes ou deux chevaux.

745 Un Modele de Levier brifé pour élever une vanne avec un verrouil à contre-poids, de l'invention de M. Laurent.

746 Un autre modele de Moulin à fcier.

747 Divers autres Modeles en petit, de grues, chevre, cabeftan, treuil, &c. en bois d'Acajou, exécutés avec foin & précifion.

748 Six Machines en bois d'Acajou d'un pied en quarré, avec poulies & moufles en cuivre, deftinées à en démontrer les effets.

749

749 Une Machine de même bois & grandeur, avec bascule & mouvemens en
cuivre, servant à démontrer la chûte
des corps sur les plans inclinés.

750 Le Modele en petit de la table à man-
ger qui se voit dans le petit Château de
Choisy, de 27 pouces de long sur 16
pouces de large.

751 Un modele de Cheminée tournante, en
bois d'Acajou d'environ 2 pieds, avec
la plaque en cuivre.

752 Un Modele de Chariot pour transporter des statues de bronze ou de marbre, de 18 pouc. sur 9 de large ; & trois
autres petits Modeles servant à transporter des terres pour les ponts & chaussées.

753 Le Modele en carton de l'Elévation
de la grande Colonade & du Péristile
du Louvre, de 8 pouc. d'élévation sur
5 pieds de long.

754 Un petit Modele de Table à dessus
ployant, en bois de rose, de 7 pouc.
sur 5 de long ; & un Souvenir en bois
d'Acajou.

755 Le Modele en bois d'un Moulin à
vent, avec tous les mouvemens nécessaires, très-bien exécuté par M. Perier.
Hauteur 3 pieds.

756 Un Chapelet de onze gros grains
d'agate garni en or, avec une petite

Médaille d'or repréſentant N. S. & la Sainte Vierge.

109 — 19 757 Seize gros grains de Chapelet de lapis.

9 — » 758 Vingt-un petits morceaux de Cornaline, & ſept petites bordures ovales en écaille pour mettre des miniatures.

9 — 19 759 Un Œil de cryſtal imitant le naturel, poſé ſur un pied en ivoire, dans un étui en forme de lunette, en bois de noyer.

23 — » 760 Seize petites barres aimantées, & montées ſur un chaſſis de fer & cuivre, de 6 pouc. ſur 4 & demi de haut.

29 — 19 761 Une petite Pierre d'aimant montée en cuivre, avec anneau & chaîne.

7 — 19 762 Deux étuis contenant des morceaux de fonte de la même matiere que la ſtatue équeſtre de Louis XV.

15 — 19 763 Deux petites Plaques de cryſtal de roche, dont une ovale, l'autre quarrée.

24 — 19 764 Pluſieurs morceaux de cryſtal & échantillons de marbre, & autres différens objets qui feront détaillés.

14 — 19 765 Un morceau d'étoffe ou toile fabriquée dans l'Iſle de Taiti ; elle porte près de deux aulnes de large.

12 — 1 766 Un Coco des Manilles ; un grand nombre de bâtons d'ourſin.

767 Diverſes boîtes & uſtenſiles néceſ-
faires à différens jeux amuſans, de l'invention du ſieur Guyot ; ſavoir , le jeu
des bouquets, de trois étuis, de l'ora-
cie , des métaux , des chiffres , des énig-
mes , des queſtions , du Peintre & du
Sorcier.   250 —

768 Un Jeu de Loto avec ſes cartons,
jettons , &c. dans une boîte en bois de
rapport.   80 — 1

INSTRUMENS DE MUSIQUE

ET DE GUERRE.

769 Un Fortè Piano de 5 pieds & demi
de long , en bois d'Acajou.   1050 —

770 Un Orgue portatif, auſſi en bois d'A-
cajou , d'environ 6 pieds ſur 4 de large.   600 —

771 Deux Violons avec leurs archets, dans
un étui.   53 —

772 Un Clavecin d'un très-bon Auteur ,
en bois d'Acajou.   1015 —

773 Un grand Sabre de *Damas* ; il eſt
garni d'argent, dans ſon fourreau auſſi
garni d'argent.   25 —

774 Deux petits Canons en bronze , de
12 pieds de long , montés ſur leurs
affuts de bois d'Acajou.   178 — 1

775 Divers objets de curiofité, qui feront
divifés.

F I N.

Lu & approuvé ce 18 Décembre 1781.
RENOU, pour M. COCHIN.

Vu l'approbation, permis d'imprimer ce 20
Décembre 1781. LE NOIR.

De l'imprimerie de PRAULT, Imprimeur
du Roi, Quai de Gêvres.